TEGERNSEER
SAGEN

SEPP MOHR

TEGERNSEER SAGEN

NACHERZÄHLT UND MIT HOLZSCHNITTEN
ILLUSTRIERT VON SEPP MOHR

VOLK VERLAG MÜNCHEN

Fotografien: Eva Knevels, S. 7; U. Pauls, S. 8, 11

Die Deutsche Bibliothek verzeichnet diese Publikation in der Deutschen Nationalbibliografie; detaillierte bibliografische Daten sind im Internet über http://dnb.ddb.de abrufbar.

Streitfeldstraße 19, 81673 München
Tel. 089 / 420 79 69 80, Fax 089 / 420 79 69 86
www.volkverlag.de
Druck: Kösel, Krugzell

ISBN 978-3-86222-223-0

INHALT

SEPP MOHR

Gymnasialprofessor Josef Mohr wurde am 4. November 1899 in Exing bei Landau an der Isar geboren. In Tegernsee besuchte er die Volksschule, in Burghausen und Rosenheim das humanistische Gymnasium, wo er 1917 das Abitur ablegte. Mit 18 Jahren rückte er beim 2. Bayerischen Infanterieregiment ein.

Nach dem Ende des Ersten Weltkriegs absolvierte er die Prüfung für das Lehramt an Volksschulen an der Lehrerbildungsanstalt in Freising. Von 1920 bis 1927 war er in Wall, Osterwarngau, Schaftlach, Irschenberg, Agatharied, Pang, Manching und Tegernsee im Volksschuldienst tätig. 1927 verließ Sepp Mohr den Schuldienst für das Studium an der Akademie der Bildenden Künste und an der Technischen Hochschule in München. Dort legte er 1932 die Staatsprüfung für das Höhere Lehramt in Kunsterziehung ab.

1935 wurde Sepp Mohr als Studienassessor an die Städtische Realschule Bad Tölz berufen und erhielt schon nach einem Jahr einen Lehrauftrag als Dozent an der Hochschule für Lehrerbildung in München-Pasing, wo er bis 1946 zahlreiche Volksschullehrer ausbildete. 1948 war er für kurze Zeit an der Oberrealschule mit Gymnasium in Garmisch-Partenkirchen und später am Wittelsbacher-Gymnasium in München tätig.

Seit 1949 unterrichtete Sepp Mohr wieder in Tegernsee, am Gymnasium mit Oberrealschule, wo er 1965 nach langjähriger verdienstvoller Aufbauarbeit für die Kunsterziehung in den Ruhestand entlassen wurde. Von da an widmete er sich mit ganzer Kraft seinen künstlerischen Interessen. Seine Holzschnitte, Aquarelle und Hinterglasbilder – ebenso wie seine heiteren Geschichten und die von ihm gesammelten bzw. nacherzählten Sagen, immer mit einer typischen Zeichnung oder einem kunstvollen Holzschnitt illustriert – erfreuten viele Jahre lang die Leser der „Tegernseer Tal"-Hefte.

Bei seinem Tod im Jahr 1981 hinterließ Sepp Mohr die fertig ausgearbeitete Vorlage für das Buch „Tegernseer Sagen". Seine Frau Hildegard brachte es 1985 im Gedenken an ihren Mann heraus.

ZUM GELEIT

Ein Jahr vor dem ersten Erscheinen dieses Buchs wäre Josef Mohr 85 Jahre alt geworden. Zu diesem Geburtstag am 4. November trafen sich viele Freunde und ehemalige Schüler zu einem gemütlichen Beisammensein mit der Familie Mohr. Bis spät in die Nacht wurde erzählt und musiziert. Viele Erinnerungen erwachten und gaben uns neue Impulse.

Manche kannten Sepp Mohr schon als jungen Lehrer, der mit seinem alten Radl oder im Winter mit den Skiern Anfang der zwanziger Jahre in die Schulstuben nach Wall, Osterwarngau, Schaftlach, Irschenberg, Agatharied und Tegernsee kam. Durch sein Zeichentalent lernten die Kinder damals an der Schultafel vieles kennen, was ihnen ihre dörfliche Umwelt in einer Zeit ohne Film und Bildschirm nicht bieten konnte.

Andere, heute selbst Professoren, Schuldirektoren, Rektoren oder Lehrer, erlebten Sepp Mohr als Dozent für Kunstgeschichte und bildnerisches Gestalten an der Hochschule für Lehrerbildung in München-Pasing (1936–1945). Karl Tyroller, viele Jahre Studiendirektor in Straubing, hat in einem Nachruf über diese Zeit geschrieben: „Wäre ich mit Mohr nicht in Berührung gekommen, mein Lebensweg wäre ganz anders verlaufen ... Unter Mohrs fürsorglicher Führung wurden uns die Augen für die kulturelle Scheinblüte der Zeit (1933–1945), aber auch das Herz für die Schönheit alter deutscher Kunst, für die Würde der Romanik und besonders für den strahlenden Glanz des Bayerischen Barock und das Rokoko geöffnet. Erstmals erfüllte mich eine Ahnung von der sinnbetörenden, verfeinerten Kultur des 18. Jahrhunderts, als wir Rott am Inn besuchten und Mohr uns den Zusammenklang von Architektur, Malerei, Stuck und Ausstattung einsichtig machte."

Nach dem Krieg sehnte sich Sepp Mohr zurück an den Tegernsee. Als Studienprofessor für Kunsterziehung am Gymnasium Tegernsee im Sengerschloss und später im Herzoglichen Schloss begleitete er uns durch die Oberschulzeit. Schon die erste Begegnung mit ihm ist mir unvergessen. Ich sehe sein Gesicht vor mir, wie aus einem seiner Holzschnitte, buschige Augenbrauen, ein markantes Kinn und klare prüfende Augen, zurückhaltend in seinen Gefühlen und doch ein väterlicher Lehrer. So erlebten ihn mit mir hunderte Gymnasiasten. Wir lernten eine Persönlichkeit kennen und schätzen, die uns weit mehr geben konnte, als im Lehrplan vorgeschrieben war. Über die Kunstgeschichte und die handwerklichen Fähigkeiten hinaus machte uns Sepp Mohr mit dem Kulturgut unserer Heimat vertraut.

Die über tausendjährige Geschichte des Tegernseer Klosters und die Sagen und Legenden dieses einheitlichen Kulturraumes erweckte er zu neuem Leben. Seine mit den Augen des Zeichners gesehenen bildhaften Erzählungen, die am Detail hängen und die Sprache eines alterfahrenen Pädagogen verraten, ließen die wöchentliche Zeichenstunde zum Erlebnis werden. Dazu zeigte er uns seine Holzschnitte, eine uralte grafische Technik, die sich auf das Wesentliche in der Darstellung bescheiden muss und deshalb den Spielraum in der bildhaften Phantasie des Betrachters nicht einengt.

Viel natürliches Empfinden und Verständnis sind notwendig, um diese Schwarz-Weiß-Technik sinnvoll anzuwenden. Der Druckstock wird mit Stichel und Messer in Millimeterarbeit geschnitten. Ein einziger Fehler macht ihn unbrauchbar. Die Technik formt nicht nur das Material, sie wirkt auch zurück auf den, der sie beherrscht. Künstlerisches Talent, handwerkliches Können, zähe Ausdauer und Geduld kennzeichneten die Künstler- und Lehrer-

persönlichkeit von Sepp Mohr. Für leicht hingewischte Effekte war bei ihm kein Platz.

Nach meiner Schulzeit wurde ich, wie viele ehemalige Schüler, sein Freund. Ich bin stolz darauf, dass er mich in einige seiner Vorhaben einweihte. Oft sprachen wir über das überlieferte, aber fast vergessene Sagengut des Tegernseer Klostergebietes und die pädagogische Kraft einzelner Sagen, deren Grenzen zur Heimatgeschichte oft übergangslos verlaufen, die kindliche Phantasie anregen und zum Ausdruck herausfordern.

Als wir im Oktober 1981 für immer von Sepp Mohr Abschied nahmen, hinterließ er die fertige Vorlage für dieses Sagenbüchlein. Wir verdanken es der Initiative von Frau Hildegard Mohr, dass es erscheinen konnte.

Tegernsee, im Frühjahr 1985
Franz Josef Pütz

ZUR NEUAUFLAGE

Wie die Zeit vergeht! Vor 35 Jahren starb Josef Mohr – vergessen ist er nicht! Seine Holzschnitte erfreuen nach wie vor die Tegernseer und sind noch in vielen Häusern und bei verschiedensten Ausstellungen in der Region präsent. Auch seiner Sammlung von Sagen aus dem Tegernseer Tal und seinem Umland hauchen sie besonderes Leben ein.

Im Computerzeitalter überschlagen sich die Neuigkeiten, sind aber morgen schon überholt und vergessen. Beständigkeit (heute sagt man: Nachhaltigkeit) tut gut, und mit ihrer uralten Tradition sind Sagen und Legenden, die spannenden Aufschluss über die früheren Menschen, ihren Glauben und ihr Weltverständnis geben, damals wie heute sehr gefragt. Während sich die Wissenschaftler mit ihren fortschreitenden neuen Forschungen stets korrigieren müssen (siehe Heimatgeschichte: Gründung des Klosters Tegernsee), bleiben Sagen und Legenden mit ihrem meist wahren Kern immer aktuell. Es ist ein großes Glück, dass Sepp Mohr die Geschichten des Tegernseer Tals gesammelt, in seinen eigenen Worten aufgeschrieben und mit seinen Holzschnitten wunderbar bereichert hat.

Es ist das Verdienst von Eva Knevels, einer der Töchter von Sepp Mohr, dass die „Tegernseer Sagen" nun nach so langer Zeit in einer zeitgemäßen Neuauflage im Volk Verlag wieder erscheinen dürfen.

Im Mai 2016

Franz Josef Pütz

SM

VON DER GRÜNDUNG DES KLOSTERS TEGERNSEE

Am Hofe des Königs Pippin im Frankenreich lebten zwei fürstliche Brüder aus burgundischem Geschlecht, Otkar und Adalbert. Ihre Mutter stammte aus dem ältesten bajuwarischen Herzogsgeschlecht, dem der Agilolfinger, die vom König Karl der Große im Jahr 788 mit der Absetzung des Herzogs Tassilo entthront wurden. Die wohl mächtigste Seitenlinie der Agilolfinger war die Sippe der Huosi. Der sogenannte Huosigau im südwestlichen Bayern war ihr zu eigen.

Die Sage berichtet, dass der Sohn des Frankenkönigs Pippin (714–768) den Sohn Otkars beim Spiel im Jähzorn mit dem Schachbrett erschlug. Pippin fürchtete die Rache der mächtigen

und in Bayern und Burgund reich begüterten fürstlichen Brüder. Vorerst war die schreckliche Bluttat weder im Königshof noch Otkar, dem Vater, bekannt geworden. So rief der König seine Großen, darunter auch Otkar, zusammen und fragte sie mit weiser List: „Was ist eure Meinung: Wie soll man einem Übel begegnen, dem man in keinem Fall abhelfen kann?“ Alle, auch Otkar sagten: „Ein solches Übel muss man mit Gleichmut ertragen.“

Jetzt erst berichtete Pippin den traurigen Vorfall. Der unglückliche Vater schwieg in Schmerz und Trauer. Er wollte mit seinem Bruder Adalbert nun für immer der Welt entsagen. Auf einem großen Tafelbild in der Egerner Kirche ist der Vorgang mit den schachspielenden Fürstensöhnen lange zu sehen gewesen.

Otkar und Adalbert gründeten im bayerischen Sundgau ein Kloster am *tegarin-seo* – d. h. Großer See, so war sein althochdeutscher Name bis zum Jahr 1000 – an der sonnigsten und schönsten Uferstelle, wohl im Jahr 746, vielleicht erst um 760. Die fürstlichen Gründer übertrugen dem Kloster Tegernsee ihre reichen Besitztümer, die bis weit hinaus ins Unterland bis über den Ammersee reichten und den Grundstock für den großen Landbesitz des Stiftes bildeten. Beide Brüder traten selber in das Kloster als Mönche ein, Adalbert wurde der erste Abt von Tegernsee. Aus St. Gallen wurden die ersten Klosterbrüder, die nach der Regel des heiligen Benediktus lebten, berufen.

Um für die neuzuerbauende Klosterkirche die Reliquien eines großen Heiligen zu erlangen, pilgerten sie 756 nach Rom. Die ewige Stadt wurde bei ihrer Ankunft gerade von heidnischen Seeräubern bedroht. Noch einmal griffen die Brüder mit ihren schwerbewaffneten Begleitern zum ritterlichen Kriegshandwerk. Sie halfen den Römern tatkräftig und besiegten die Seeräuber.

Der Papst versprach den Brüdern die Gebeine des heiligen Quirinus, eines römischen Kaisersohnes, der in früheren Jahrhunderten wegen seines Glaubens den Märtyrertod durch das Schwert erlitten hatte. Erst Uto, der Schwestersohn der Brüder, durfte dann die vom römischen Volk hochverehrten Reliquien heimlich abholen und über die Alpen bringen.

In der letzten Nacht vor der feierlichen Übertragung der Gebeine nach Tegernsee machte Uto auf dem Platz der heutigen Kapelle von St. Quirin ein letztes Mal Halt. Wo der Leib des Heiligen geruht hatte, entsprang zum Segen des ganzen Tales die heilkräftige Quirinusquelle.

Das uralte, schöne Wappen von Tegernsee hat neben zwei Seeblättern auch drei Kronen. Diese weisen wohl hin auf die zwei fürstlichen Gründer und auf den römischen Kaisersohn St. Quirinus.

DIE ZERSTÖRUNG DES KLOSTERS TEGERNSEE

Schon 200 Jahre nach seiner Gründung um 746 hatte das Kloster Tegernsee Anfang des 10. Jahrhunderts eine bedeutende wirtschaftliche und kulturelle Blütezeit erreicht. Durch Rodungen und Zuerwerb – vielleicht, weil es sich unter dem Krummstab des Abtes besser leben ließ als unter dem Zepter der kriegerischen, weltlichen Herrscher – soll das Kloster damals 12.000 Höfe, 22 Siedesalzpfannen in Reichenhall und Weingüter in Südtirol und in der Wachau besessen haben. Die Wissenschaften und Künste, darunter besonders die Schreibkunst mit der Buchmalerei, standen in hoher Blüte und hatten europäische Geltung erreicht.

Da erstand bei der allgemeinen Schwäche und Zerstrittenheit der deutschen Landesfürsten in der ersten Hälfte des 10. Jahrhunderts aus dem Osten eine übermächtige Gefahr. Ungarische Reiterscharen stießen auf ihren Raubzügen immer wieder bis weit nach Westen vor. Sie überrannten und brandschatzten alles, was ihnen in die Hände fiel. Nach der Niederlage bei Preßburg 907 und der Schlacht auf dem „Mordfeld“ bei Neuötting 908 stand ihrem Ansturm kein nennenswerter Gegner mehr gegenüber.

Was lag näher, als dass die wilden, bunt zusammengewürfelten Reiterhaufen aus Resten von Hunnen und Awaren, aus den

Madjaren der unteren Donau- und Theißebene zu ihrem Vormarsch die alte, noch lange intakte Römerstraße benutzten, statt sich durch undurchdringliche Wälder und Sümpfe, wo es ohnehin nichts zu holen gab, durchzuschlagen.

Es kann als sicher gelten, dass sie in unsere Voralpenlandschaft, wo also die bäuerlichen Hintersassen des Klosters siedelten, bis in die Gegend um das spätere München hinein auf der antiken römischen Straße vorgerückt sind: von Salzburg (*Juvavum*) über Seebruck am Chiemsee (*Bedaium*) nach Augsburg (*Augusta Vindelicum*). Die mächtige Fluchtburg bei Kleinhöhenkirchen im Mangfallknie mit gewaltigen Erdwällen stammt aus der Zeit der Ungarneinfälle. Die Fentbachschanze bei Weyarn und die 13 Keltenschanzen im Vorland, wie die bei Endlhausen, Holzhausen und Deisenhofen, sind wohl 1.500 Jahre älter.

Um die raubgierigen Horden bald wieder los zu werden, kann es leicht möglich gewesen sein, dass die ausgeplünderten und erpressten, dem Kloster leibeigenen Untertanen, die nach Tegernsee den ungeliebten Zehnten und die verhassten Frondienste leisten mussten, dort an der großen Heeresstraße, etwa bei Hofolding oder Helfendorf, denen eine Andeutung gegeben haben. Etwa so: „Nur vier oder fünf Reitstunden südlich von hier liegt an einem See ein reiches Kloster mit ungeheuren Schätzen, mit Bergen von Gold und Silber!“

So sank das frühe Kloster Tegernsee in Schutt und Asche. Wir wissen nicht, was an unersetzlichen Handschriften, an althochdeutschem Schrifttum, an germanisch-bajuwarischen Chroniken, an vorchristlicher Dichtung, an Kunstwerken aller Art damals endgültig durch diese Barbarei verloren gegangen ist. Was sich von den Bewohnern nicht rechtzeitig in einsame

Bergtäler oder mit einem Einbaum auf den See hinaus retten konnte, wurde niedergemacht.

Endlich stellten König Otto der Große und der Bischof Ulrich den fremden Reiterscharen eine starke Heeresmacht entgegen und schlugen sie vernichtend auf dem Lechfeld im Jahr 955. Lange dauerte es, bis sich das Kloster Tegernsee wieder erholte. Dazu kam noch, dass der bayerische Herzog Arnulf (von den Klostermönchen „der Böse“ genannt) auch Tegernsee um 925 säkularisierte und ihm zur Stärkung der Staatsmacht den größten Teil seines Landbesitzes abgenommen hatte.

DIE BEIDEN NACHBARN

Vor vielen hundert Jahren reichte der Tegernsee bis hin an den Fuß des Wallbergs, zurück bis Enterrottach und weit hinein ins Kreuther Tal. Es gab noch keine Häuser oder Gehöfte rund um den See als nur den Bauern am Wechsel, dort, wo die Wasserscheide ist zwischen dem Wasser der Rottach und der weißen Valepp, und den Bauern in der Au, hoch über dem Söllbachtal. Sie konnten sich nur mit dem Schiff übers Wasser besuchen. Der Bauer auf der Eben bei Gmund am Nordende des Sees war ihr nächster Nachbar.

An einem Sonntagmorgen fuhren sie wie immer mit ihren Einbäumen nebeneinander über den langen Weitsee nach Gmund, um in Schaftlach zur Kirche zu gehen. Wie sie so dahinruderten, gingen ihre Schiffe plötzlich unter. Man hat nie mehr etwas von den beiden Männern gehört.

Ist ein Streit ausgebrochen oder hat ein jähes Unwetter die zwei erfasst? Es wurde uns nichts überliefert.

DER SCHATZ IM LEEBERG

Früher soll ein unterirdischer Gang aus dem Benediktinerkloster Tegernsee unter dem Lärchenwald hinübergeführt haben bis tief hinein unter den Leeberg. Dort wurden in unruhigen und kriegerischen Zeiten die großen Schätze an Gold und Silber versteckt. Nur wenige Männer außer dem Abt wussten, wo der Schlüssel zum Eingang versteckt lag.

Aber einmal ist das kunstvolle Schloss zur innersten Schatzkammer zerbrochen. Ein Schlosser wurde geholt. Man führte

ihn mit verbundenen Augen erst mehrmals im Klosterhof kreuz und quer herum und dann eine Stunde lang durch enge, kühle Gänge, die kein Ende nehmen wollten.

Als sie ihm die Augenbinde abnahmen, konnte er nicht genug staunen über all die Herrlichkeit, über das Gleißen und Funkeln in der Schatzkammer. Die Klosterbrüder aber trieben ihn zu schneller Arbeit an, und der Schaden war auch bald behoben.

Die Augenblende wurde ihm wieder angelegt und man führte ihn über Stufen auf und ab zum Ausgang mitten in einem dichten Bergwald. Aber die Mönche fürchteten, der Schlosser hätte sich doch den Eingang merken können.

Darum ließen sie ihn nicht mehr lebendig aus dem Berg. Seither steht er gebannt am Eingang zum Klosterschatz und hält Wache.

Zwei Holzhacker kamen eines Abends nach der Arbeit den steilen Wald des Leebergs herunter und wollten den Weg abschneiden. Da standen sie plötzlich unverhofft vor dem greisen und stummen Schatzwächter im altertümlichen Gewande, die Hellebarde in der Hand und die brennende Laterne vor der niederen Pforte. In ihrem ersten Schrecken haben sie sich die Stelle nicht gemerkt. Am nächsten Tag fanden sie nichts mehr von allem.

DER GOLDHAUFEN IM LEEBERG

Es muss schon recht viel zusammengekommen sein an Geld und Gut im Kloster Tegernsee, wenn 12.000 große und kleinere Bauernhöfe alljährlich den zehnten Teil all ihrer Erträgnisse als Zins und Zehent abliefern mussten.

Ein Gmunder Kleingütler hatte aber diesmal gar nichts zum Hergeben, seine zwei Kühe hatte er durch eine schlimme Viehseuche eingebüßt. Da verlangte der strenge Klostervogt von ihm, dass er seine Schuldigkeit durch Frondienst ableisten solle. Eine Woche lang musste er nun im Hofraum vor den Stallungen, die im Westteil der Klosteranlage gegen den See hinaus lagen, die großen Heuhaufen zu Gsott, das heißt zu Häcksel, kleinschneiden.

Am Samstag kam nun der Abt selber und schaute sich die Arbeit an. Es war ein Mordshaufen geworden und der Bauer sagte voll Stolz zu ihm: „Gel, so was Großes hast du noch nie in deinem Leben gesehen!“ Da sagte der Klosterherr zu ihm: „Geh mit mir, ich zeige dir auch was!“

Der Abt band ihm die Augen zu und führte ihn durch den unterirdischen Gang weit fort, unter den Leeberg. Der Gmunder Bauer hörte Schlüssel klirren und es wurde ihm die Binde abgenommen. Er stand in einem steinernen Saal vor einem riesigen Haufen von Gold und Silber. „Gel, so was Großes hast du auch noch nicht gesehen!", sagte jetzt der Abt und hat freundlich gelacht. „Weil du so fleißig gearbeitet hast bei mir, darfst du dir jetzt so viele Goldstücke in deine Hosentaschen hineinstecken als hineingehen." Mit verbundenen Augen brachte er ihn wieder in den Klosterhof zurück.

WIE DIE RINGSEE-INSEL ENTSTAND

Als der liebe Gott gerade dabei war, die Welt zu erschaffen, da besann er sich zum Schluss noch einmal und überlegte, wie er noch etwas besonders Schönes machen könnte.

Große und unheimlich hohe Berge gab es schon genug und auch unendlich weite Meere. Drum schuf er jetzt ein geräumiges, liebliches Tal mit einem blauen See mittendrin, stellte größere und kleinere Berge drum herum und gab ihnen ein Gewand von dunklen Wäldern und blumenreichen Wiesen. Blanke Felsen leuchteten hell heraus und fröhliche Bächlein eilten hinab ins Tal. Der liebe Gott hatte selber seine hellichte Freude an seinem Meisterwerk.

Da kam der böse Feind durch das Land gegangen und sah die Pracht und Lieblichkeit des Tegernseer Tales. Voller Neid und Wut wollte er dem lieben Gott ins Werk pfuschen und alles gründlich verderben.

Den halben Leonhardstein bricht er los und klettert mit dem gewaltigen Felsentrumm mühsam auf den Ringberg hinauf. „Das wird einen gewaltigen Platscher machen, wenn der riesige Felsenberg mitten in die große Wasserlacken hineinplumpst. All die Herrlichkeit wird endgültig überschwemmt und vernichtet sein!“

Aber in seinem Hass hatte sich der Teufel doch übernommen. Der Steinbrocken war zu schwer, als dass ihn selbst so ein Teufel hätte in die Mitte des Tegernsees stemmen können. Er rollte ihm aus seinen Händen und gleich unterm Ringberg hinein in den See, der dort wegen seiner runden Ausbuchtung den Namen Ringsee hat.

Da liegt der Stein noch heute drin und bildet die einzige Insel des Tegernsees. Mit ihrer grünen Wiese und den dichten Gebüschen drauf wird sie auch der Fischerfleck genannt.

DIE RAUBRITTER VOM RINGSEE

Vor vielen hundert Jahren haben drüben auf der Insel, dem sogenannten Fischerfleck vor dem Ringsee, böse Raubritter eine mächtige Burg erbaut.

Zuerst gaben sie vor, das Kloster Tegernsee mit bewaffneter Hand vor Feinden schützen zu wollen. Starke, steinerne Mauern mit zackigem Zinnenkranz und hohen Wehrtürmen schauten drohend herüber über den See zum uralten Kloster.

Aber bald beklagten sich die Bauern beim Abt über das freche Treiben der Raubgesellen in der Burg. Immer wieder wurden ihnen Kühe von der Wiese weggestohlen oder gleich eine ganze Herde Schafe von der Weide weggetrieben. Die großen Lastfuhrwerke der Kaufleute, die aus Italien kostbare Samt- und Seidenstoffe oder aus Südtirol edle Weine auch gelegentlich über den Achenpass durch Tegernsee fuhren, plünderten sie vollkommen aus und brachten das Geraubte auf ihre Burg, die mitten im Wasser als uneinnehmbar galt. Dort hielten sie große Fress- und Saufgelage ab und ihr besoffenes Geschrei drang herüber über den See bis an die stillen Klostermauern.

Bevor der regierende Abt des mächtigen Klosters wehrtüchtige Männer zusammengeholt hatte, um die Raubritter zu besiegen und zu vertreiben, fiel er ihnen auf der einsamen Landstraße zum Achensee, als er auf die Jagd zum Juifen ritt, wo es die langgehörnten Steinböcke gab, selber mit ein paar Klosterjägern in die Hände: Er wurde in ein dunkles Verlies der unheimlichen Wasserburg gesperrt.

Die Klostermönche kamen mit Ruderbooten heran und flehten die unholden Gesellen um Gnade an und boten als Lösegeld 500 Goldgulden, der Räuberhauptmann aber wollte das

Doppelte. Ja, sie steckten einen langen Balken zum obersten Turmfenster heraus, hängten daran mit einer Rolle und einem starken Seil einen eisernen Gitterkäfig und setzten den unglücklichen Klosterabt hinein. Dann ließen sie ihn mehrmals bis tief herab aufs Wasser patschen und untertauchen, endlich zogen sie ihn halb ertrunken wieder in die Höhe, unter höhnischem Gelächter und schauerlichen Drohungen. Die Klosterbrüder mussten froh sein, dass sie selber ohne Schaden wieder aus der Nähe des gefürchteten Räubernestes heil ins Kloster Tegernsee heimkehren konnten.

Später hat man sich doch noch mit den Raubrittern auf 600 Gulden Lösegeld geeinigt, der Abt durfte zurückkehren ins Kloster.

Bald darauf zerstörte ein gewaltiges Erdbeben die Burg. Sie war doch auf sumpfigen Grund gebaut, die Türme und Mauern stürzten in sich zusammen und erschlugen alle Räuber und ihren Hauptmann.

DER SCHATZ IM GLOGGNER SEE

Wieder war große Kriegsgefahr. Die Mönche von Tegernsee wollten ihren Geldschatz noch sicherer vor den Feinden verstecken, denn sie hatten den Verdacht, dass schon mehreren Leuten, als es gut war, ihr altes Versteck bekannt geworden war. So fuhr damals spät abends zur Winterszeit ein Fuhrwerk aus dem Kloster Tegernsee nach Rottach und von da in Richtung Enterrottach weiter. Da hinten in den Höhlen der Bodenschneid oder des Schinders gab es genug unbekannte und bessere Schlupfwinkel.

Eine schwere Kiste, die mit einem Tuch zugedeckt war, stand auf dem Wagen. Die Fuhrknechte fuhren abseits der Straße, um von niemand gesehen zu werden. Da kamen sie zum Gloggner See bei Elmau. „Schneiden wir doch den Weg ab und fahren wir gleich über das dicke Eis von diesem Weiher!", sagte der Fahrer zu seinem Begleiter.

Mittendrin aber kracht es, Mann, Ross und Wagen verschwinden rettungslos in der Tiefe.

Nach Jahren sehen zwei Bauern aus Unterwallberg am Grund des Weihers etwas Metallenes blinken. Hastig holen sie von Zuhause Stangen, Ketten und Grieshaken. Es gelingt ihnen mit größter Kraftanstrengung tatsächlich eine schwere Truhe mit starken Eisenbändern beschlagen und einem großen Anhängschloss dran aus der Tiefe heraufzuziehen, fast bis an die Oberfläche. Aber der sumpfige Boden gibt nach, einer fällt. Der Haken des anderen rutscht an der glitschigen Kiste ab, mit dumpfem Gepolter verschwindet die Kiste endgültig im tiefen Wasser. Das liebliche Klirren der Goldstücke drinnen in der Truhe haben sie gerade noch hören können.

Mit Mühe retten sich die zwei Bauern auf das Land. Nie mehr hat man etwas gehört oder gesehen von der Goldkiste im Gloggner See. Nur Molche, Wassernattern, Blutegel und Frösche schwimmen drin herum.

ST. QUIRIN HAT GEHOLFEN

Ein Dorf ward brennend, und war eine arme Wittib darinnen; und da sie sah, wie so gräulich das Feuer war, lief sie hin und her und wusste nicht, was beginnen. Ihre Tochter war besonnener und gab der Mutter den Rat:

„O Mutter mein!
Ruf an Sankt Quirein,
So bleibst du von dem Feuer unversehrt,
Samt allem, was dir zugehört!“

Dieser Rat gefiel der Mutter, so dass sie mit Seufzen in die Luft hinausrief:

„O heiliger Sankt Quirein,
Woll' mich mit Deiner Güten
Vor diesem Feuer behüten!"

Alsbald das Wort aus ihrem Munde war, da kam ein Wind, der hob das Feuer auf und zerstreute es. Das ganze Dorf war verbrannt, nur allein der Wittib Habseligkeit blieb unversehrt.

(Nach einer Aufzeichnung von 1492)

DIE WAIZENGEIß

Da hinten bei den Mösern und bei der Wechselalm war es nie ganz geheuer. Dort ist ein versumpfter See, in dem es noch düstere Wasserlacken, Dorngestrüpp und einen unheimlichen Urwald gibt. Dieses Hochmoor wird die Waizen genannt. Im Volksmund heißt „waizen" so viel wie geistern, umgehen oder spuken. Kein jagdbares Wild, aber auch keinen Vogel soll es dort

gegeben haben. Nur ein seltsames Vogelwesen hat sich dort herumgetrieben, die Waizengeiß genannt. Sie hatte einen großen Kopf von einem Geißbock mit langen, krummen Hörnern und einen Körper wie ein mächtiger Adler. Mit schauerlichem Gekrächze und Gemecker flog sie daher über die Almwiese und schrie dazu: „Möcht i, möcht i!“ Es war die Waizengeiß, im Volksmund „Waizengoaß“ gesprochen.

In dieser gemiedenen Gegend musste eine junge Sennerin allein mit ihrer Viehherde hausen. Einmal hatte eine Kuh „verworfen“, d. h. ein Kalb tot zur Welt gebracht. Die Almerin schleppte das verendete Tier zu einem finsteren Wasserloch und warf es in den Tümpel. Da rauschte es um Mitternacht ganz fürchterlich über die Wechselalm hin und die Waizengeiß krächzte schaurig: „S'Kaiwi (= Kalb) aus der Waizen oder z'reiß di in tausend Fetzen!" Das arme Madl zog am nächsten Tag das Kalb wieder ans Land und vergrub es irgendwo im festen Erdreich.

Als die Waizengeiß einmal einen Schwammerlsucher anpacken wollte, warf der mit einem dicken Prügel nach dem unholden Vieh. Sie fiel mit gebrochenem Flügel in einen tiefen Wassertümpel und kam nicht mehr heraus. Spät heimkehrende Wanderer können noch heute ihr lautes Geflatter und Patschen in der Waizen hören.

DER WAIZENHUND

Der Irgä (= Georg) ist Knecht droben im Lieberhof am Großtegernseer Berg. Heute am Kirta-Irta (= Kirchweihdienstag), an dem halben Bauernfeiertag ist er mit einem Ruderboot herüber gekommen nach Altwiessee, um sein Basel zu besuchen.

„Dass d' net in d' Nacht neikommst, jetzt werd's schon so bald dunkel! Eine halbe Stund brauchst leicht über'n See nach Tegernsee nüber, dass di' net verfehlst im Finstern", sagt die Base, „und überhaupts soll bei Vollmond der Waizenhund wieder umgehen!"

„Ja, Vollmond ist's heut und windstaad (= windstill) ist's auch, da kann mir ja gar nix fehlen beim Heimfahren heut", so sagt der Irgä. „Dass ich nicht lach wegen dem schiachen (= abscheulichen) Hundsviech, dem hau ich gleich eine nauf mit'm Ruder auf'n Schädel, dass er sich schleicht, und überhaupt glaub ich an sowas durchaus gar net. Und z' Tegernsee drüben geh ich heut noch auf d' Tanzmusi in die Alte Post!"

Der Irgä geht jetzt hinunter zur Schiffhütte, steigt in das flache Holzboot, ein sogenanntes Bauernschiff, ein. Jetzt hängt er die Ruder ein und macht damit den ersten Schlag ins seichte Wasser.

Da kommt aus dem dichten Schilf mit einem mächtigen Satz ein riesengroßes, finsteres Vieh hereingesprungen ins Boot, dass es noch eine Zeitlang schwankt. Es ist ein Hund mit zottigem schwarzen Fell, mit langen Krallen an den starken Tatzen; das

Maul ist offen, dass man die langen Reißzähne und das ganze G'waff (= Gebiss) im Mondlicht blitzen sehen kann. Das Schrecklichste aber sind seine Augen: Sie glühen rot und sind bösartig. So setzt er sich dem Burschen, der beim Rudern nach hinten gegen dieses Untier schauen muss, auf der nächsten Ruderbank gegenüber und glotzt den Armen ununterbrochen scharf an. Sein heißer Atem blast ihm pfeilgrad ins Gesicht.

Dem ist das Prahlen vergangen, der kalte Schweiß läuft ihm hinunter, käsweiß macht er nur mechanisch die Ruderschläge, hinaus auf den nächtlichen See, nur immer weiter, einmal wird er schon drüben sein am anderen Ufer! Man hört nur das Knarren der Ruder, wo sie an den eisernen Steften eingehängt sind, zum angstvollen Schnaufen des Burschen auch zuweilen ein gefährliches Brummen dazu.

Endlich erreicht er bei Nacht das Ufer. Bis er aussteigt, ist auch der böse Hund mit einem langen Sprung in die Binsen verschwunden. Es war der Waizenhund!

Zitternd und mit schlotterigen Knien geht der arme Bauernbursch noch ein paar Schritte und bricht tot zusammen.

DER WUNDERTÄTIGE JACKL VON WALL

Zwischen Gmund und dem Taubenberg liegt der Ort Wall. Dort lebte ein alter Bauernknecht, der Jackl. Die Leute erzählten sich, dass er auf wunderbare Weise Wunden heilen konnte.

Einmal haben zwei kleine Buben vom Heinzenbauern in Holz bei Kaltenbrunn ein ebenso dummes wie gefährliches Spiel getrieben hinter dem Haus. Da stand ein Hackstock, in den war

ein sogenannter Daxenkreil eingehackt, weil die Dirn grad zur Brotzeit ins Haus gegangen ist. Hernach wollte sie weitermachen mit ihrer Arbeit: Von einem großen Haufen von Fichtenästen sollte sie die kleineren Zweige zu Daxenstreu zusammenhacken.

Der größere Bub, Michl, sagte zum kleinen Bruder: „Hansi, leg einmal deinen Finger da her auf den Hackstock. Wenn ich zuhacke, dann ziehst ihn vorher schnell weg!"

Ein paar Mal ging's gut, aber auf einmal hörte man ein furchtbares Geschrei draußen im Hof. Der Zeigefinger der rechten Hand war glatt abgeschlagen und lag noch auf dem Hackstock neben dem grausigen Spielzeug.

Man holte den unglücklichen Buben herein; die Mutter, während sie drei Vaterunser betete, legte den abgeschlagenen Finger genau auf die Wunde und verband die kleine Hand mit einem Leinenfleck. Der Heinzenbauer sagte gleich: „Wenn da noch wer helfen kann, dann nur der Jackl von Wall. Gebt's mir ein Trumm von dem blutigen Haderl (=Tüchl) mit, ich reite gleich los nach Wall hinüber."

Der Jackl hörte sich die Geschichte an, legte den blutigen Fleck auf seine Brust und band ihn mit einem wollenen Tuch fest. Nach einer halben Stunde sagte er: „Jetzt ist's trocken. Merk dir die Zeit, halb vier Uhr ist's!"

Wie der Vater wieder daheim angekommen ist, war alles voll Freude, und der Hansi sprang ihm schon entgegen. Die Mutter erzählt: „So um halb vier Uhr hat der Bub g'sagt: ‚Mutter, jetzt tut's nimmer weh!' Wie wir nachg'schaut haben, war das Fingerl wieder dran, wie wenn nie was gefehlt hätte."

WIE DAS RIEDERSTEIN-KIRCHLEIN ENTSTAND

Vor vielen Jahren verfolgte ein Jäger eine Bärenspur, die ihn von der Baumgartenschneid zum Riederstein herunterführte. Auf der ehemals kahlen Gipfelplatte dieses jäh abstürzenden Felsenturmes stand er plötzlich einem gewaltigen Bären gegenüber. Ehe ihn das wilde Tier anpacken konnte, riss er seine Büchse in die Höhe und schoss ihm eine Kugel in den Leib. Der Bär wankte, stürzte zu Boden und kugelte über den Rand der abschüssigen Platte hinaus. Unter schrecklichem Geheul fiel das wilde Tier in die schaurige Tiefe hinab. Wie ihm der Jäger nachschaute, verlor er selbst den Halt und stürzte hinter dem Bären nach.

Der lag tot drunten auf dem Waldboden. Das Glück wollte es, dass der Jäger auf den dicken, weichen Pelz des Bären fiel und heil mit Leben und Gesundheit davonkam. Zum Dank für seine wunderbare Errettung baute er das Riedersteinkirchlein.

*

SM

Nach anderer Lesart hat sich die Geschichte so zugetragen: Der Bauer vom Leeberghof hatte droben auf dem Galaun („Ga'laun" mit betonter Endsilbe ist vielleicht noch ein räto-romanischer Name; kann aber auch auf bairisch heißen „gache Lahn", d. h. jäher Wiesenfleck) unter der Felswand des Riedersteins einen schönen Weideplatz. Dort ließ der Bauer gerne seine prächtigen und wertvollen Rappen grasen.

Als er wieder einmal hinaufstieg, um nach seinen Pferden zu schauen, sah er sie zu seinem Schrecken zu höchst droben auf der Spitze des Riedersteins stehen und unruhig umherspringen, wie wenn sie von hinten her von einem gefährlichen Raubtier bedroht würden. Jetzt beugte sich schon das eine Ross gefährlich über den Rand des Felsens hinaus über den Abgrund. Da gelobte der Leebergbauer in seiner Angst, für die glückliche Errettung der edlen Tiere dort oben auf der höchsten Felsenspitze zum Dank der hl. Maria eine Kapelle zu bauen.

Gott erhörte das Gebet, und die Rappen kamen gesund und munter den Waldsteig herunter gelaufen zu ihrem Herrn. Der begann noch im gleichen Jahr mit dem Bau der kleinen Bergkapelle.

DIE DURLHEXE ÜBER GMUND

Halbwegs zwischen Lenggries und Fall liegt Hohenwiesen. Im Bachmairhof lebte die reiche, aber etwas sonderliche Bauerntochter, die Durl. Böse und neidische Weiberleut sagten ihr nach, sie sei eine Hexe. Mit der Zeit wurde sie wirklich bösartig und revierisch und war gefürchtet wegen ihrer Zauberei.

Ein Lenggrieser Weber war einmal im Bachmairanwesen auf der Stör und hat es selber gesehen, wie sie mit ihrer Zaubersalbe die Ofengabel einschmierte und mit dem Ruf „Hui aus und ninderscht ani!“ zum Kamin hinausgefahren ist. Er erzählte, wie er nachher die Salbe an seinem Webstuhl ausprobieren wollte. Der hat gleich angefangen, sich zu rühren und war darauf in der ganzen Stuben herumgerutscht. Schnell hat der zu Tode erschrockene Mann wieder aufgehört damit, hat die Salbe abgekratzt und wieder in den Hafen zurückgetan.

Der Krautenkaspar von Arzbach hat‘s einmal genauer wissen wollen, wie es tut, wenn man mit so einer Hexe mitfährt. Sie ließ ihn mit auf einem Nudelwalkler aufsitzen, gottseidank rücklings, sonst war er ganz gewiss erstickt, so schnell ist‘s dahingegangen.

Einmal saß die Durlhex bei Gmund auf einem großen Tannenbaum ganz oben auf dem Gipfel. Grad wollte sie über das Tegernseer Land einen gewaltigen Hagel niedergehen lassen, als um zwölf Uhr die geweihten Glocken anfingen zu läuten. Sie konnte lange nicht mehr vom Baum wegfliegen und war wie gebannt. Später sagte sie: „Hätt die große Glock‘n von Gmund, die Schell‘n vom Kotbauern auf der Eck und‘s Goaßglöckei in Ried nit g‘scheppert, i hätt heut alles in Grund und Boden neig‘haut!“

Wo sie ihr Teufelsmal auf dem Körper habe, fragte sie der Amtmann von Hohenburg, als er sie mit seinen Schergenknechten endlich in Hohenwiesen verhaftete. „Unter der Zunge“, sagte sie und bleckte ihm den Bletschl hin.

Am Almbach hat sie den Feuertod erleiden müssen.

Die Seele der Durl soll doch gerettet worden sein. Aus ihrer Asche haben die Leute ein weißes Vögelein zum Himmel aufsteigen sehen, war sie doch durch Bosheit und Unvernunft der anderen zur Hexerei getrieben worden. Auch hat sich in der Nacht nach ihrem Tode ein auffallender Stern am Himmel gezeigt.

DAS GSCHLERF IM SCHLOSS REICHERSBEUERN

Rechter Hand nahe der Landstraße von Gmund nach Tölz liegt das uralte Schloss Reichersbeuern. Es wird schon 915 erwähnt und war immer Tegernsee'sches Lehen. Die Grafen von Reichersbeuern kamen aus dem Geschlecht der Andechser. 1358 übergab der letzte Edle von Reichersbeuern das Lehen an die Herren von Pinzenau, 1514 erhalten es die Tänzel von Tratzberg bei Schwaz, 1627 kommen die Freiherrn von Preysing, 1828 erwirbt es die Familie des jetzigen Besitzers, des Herrn Vinzenz von Sigriz. Schloss Reichersbeuern hatte die niedrige Gerichtsbarkeit, schwere Fälle wurden zur Aburteilung dem Landgericht Wolfratshausen zugewiesen. Die Burg Reichersbeuern war eine echte Wasserburg, umgeben von Wasserflächen und Mösern.

Die Sage erzählt, dass in den Kellergewölben auch ein geheimes Gericht abgehalten wurde. Ob dabei die angeklagten leibeigenen Bauern, Wilderer und die kleinen Diebe bei dem gestrengen Herrn Patrimonialrichter, der ja ein Angestellter der Burgherrn war, immer zu ihrem Recht gekommen sind, und mit welchen Mitteln Aussagen erpresst wurden, weiß niemand mehr.

Im Schloss von Reichersbeuern hat es früher immer gegeistert. Da gab es einmal eine Schlossverwalterin, die hat ihrer Tochter Margarete auf dem Sterbebett 100 Gulden übergeben, mit denen diese eine Jahresmesse für die Seele der abgestorbenen Mutter stiften sollte. Die junge Margarete aber war hoffärtig und eitel und verwendete das Geld für kostbare Kleider und teuren Schmuck. Sie musste nach ihrem Tode zur Strafe als Klopfgeist im Schloss umgehen, bis ein späterer Besitzer den Jahrtag für ihre Mutter stiftete, um Ruhe zu bekommen. Seither ist sie erlöst.

Aber es ist auch sonst nicht recht geheuer im Reichersbeurer Schloss. In recht finsteren Nächten hört man auf den Gängen und Stiegen, besonders auf der alten Wendeltreppe, ein unerklärbares Geschlerf, wie wenn ein ruheloser Mensch sich mühsam in Pantoffeln mit einer schweren Last dahinschleppen würde. Vielleicht ist es der Geist der Sophie von Pinzenau, die zu den Dienstboten recht hartherzig und geizig gewesen sein soll. Macht man aber ein Licht, ist der Spuk vorbei.

Ein alter Schlossdiener ist einmal um zwölf Uhr nachts über die Wendeltreppe hinaufgegangen, da stand droben ein schwarzer, struppiger Hund und schaute ihn mit großen, glühenden Augen an. Auf einmal lief er ihm heulend von oben herab entgegen und ist ihm zwischen seinen Füßen hindurchgerumpelt, dass er beinahe über die steinerne Stiege hinunter gekugelt wäre.

DIE DREI FRÄULEIN UND DER GASTEIGPUDEL

In den zwölf Losnächten mitten im Winter erscheint im Keller des Reichersbeuerer Schlosses, da, wo früher ein geheimes Gericht gehalten wurde, ein fahler Lichtschein. Wer sich dort hineintraut, kann sehen, wie die drei Jungfrauen auf eisernen Truhen sitzen und ihren Schatz hüten.

In lauen Sommernächten kann es vorkommen, dass der Schlosshund dort sein Unwesen treibt, wo früher die alte Landstraße von Reichersbeuern steil abfiel in die Bachmulde und wieder auf der anderen Seite gegen Greiling stark anstieg. Heute ist diese Senke hoch aufgefüllt durch einen Straßendamm. Weil er hier am Gasteig (= gacher oder jäher Steig) auftritt, heißt er im Volksmund auch Gaster- oder Gaschteigpudel. Dieses hinterlistige Hundsvieh hat es auf späte Heimgeher, die vom Wirtshaus oder von nächtlichen Besuchen kommen, ganz besonders abgesehen, indem es sie unversehens von hinten anspringt und umwirft.

Aber drunten am Wiesenbach bei der Bachkapelle standen die drei Schlossfräulein, die man auch die saligen (= seligen) Jungfrauen genannt hat. Unter betörenden Gesängen und von Irrlichtern gespenstisch beleuchtet haben sie ihre Wäsche gewaschen. Dann hängen sie‘s am Bach entlang auf, dass sie im Mondschein trocknen kann.

*

Manche glauben, die drei saligen Fräulein, die in christlicher Zeit auch Einbet, Warbet und Wilbet geheißen haben, seien nichts anderes gewesen als die altgermanischen Nornen.

DER KAIWIPLÄRRER AM RINGSEE

Noch im vorigen Jahrhundert soll man bei Einbruch der Dunkelheit und oft bis tief in die Nacht hinein am Seeufer ein unheimliches Brüllen oder Blöken gehört haben, wie von einem verirrten Stück Vieh, etwa einem Kalb (hier „Kaiwi“ genannt). Am meisten kam das Geschrei aus der Gegend um den Ringsee. Aber dazu erzählt uns die Sage Folgendes:

Steuern und Abgaben wurden zu allen Zeiten als drückend und hart empfunden, auch damals am Tegernsee. So musste dem Kloster von jeder Kuh das erste Kalb abgeliefert werden. Ein besonders strenger und unbeliebter Abt verlangte sogar bei der Heirat des Bauern die schönste Kuh, das sogenannte Best-

haupt, aus dessen Herde. Auch beim Tod des Hausvaters war auf den Befehl des Abtes das beste Stück aus dem Stall abzuliefern, also eine Steuer vom Unglück.

In Egern, so wird es überliefert, lebte die Witwe eines armen Kleinbauern mit sechs Kindern. Die hat eine schöne, junge Kalbin verkaufen wollen. Aber die Klosterknechte kamen und rissen ihr das gute Stück aus dem Stall. Das arme Weib rief ihnen in ihrer Not nach: „Euer Abt soll nach seinem Tod selber als Kalb umgehen und plärren soll er auch müssen wie ein Kaiwi!"

Die Verwünschung ging bald in Erfüllung. Der hartherzige Mann starb.

In seinem Sterbezimmer ist immer wieder die Fensterscheibe zerbrochen und in die Steinplatten der Abdruck von einem Kälberfuß eingepresst gefunden worden. So oft die Klosterbrüder die Steinplatten erneuerten, der Abdruck erschien immer wieder. In mitternächtlicher Stunde war der Klosterhof erfüllt von dem Getrampel vieler Kälber und ihrem lauten Brüllen.

Am ärgsten aber trieb es dieses Gespenst drüben am Ringsee auf der Straße von Egern nach Wiessee, dort, wo es zum „Grünen Wasser" heißt. Ein junger, neugieriger Knecht vom Großbucherbauern, der den Kaiwiplärrer einmal richtig sehen wollte, ging von einer Hochzeit in Rottach um Mitternacht heim. Da saß nun diese greuliche Spukgestalt leibhaftig auf einer Zaunsäule am Weg und plärrte ihn an: Aus einer schwarzen Mönchskutte schaute ein Kalbskopf; Arme und Beine waren richtige Kälberfüße, hinten hing ein Kälberschwanz heraus. Das Untier verfolgte ihn, soweit das Ringseeufer reichte. Der arme Bursche konnte diesem greulichen Gespenst gerade noch entfliehen. Dann hat er sich mit Mühe nach Hause schleppen können, wurde krank und starb bald darauf.

Der neue Abt war wieder ein gutmütiger und gerechter Mann. Er verbannte den bösen Geist in eine gut verschlossene Flasche und setzte sie auf dem Guffert drüben in Tirol aus, von wo aus er zwar auf den Tegernsee hereinsehen, aber kein Unwesen mehr treiben kann.

DER LAMPL VON REICHERSBEUERN

Da sind ihrer drei oder vier Jaager beinander gsessen z' Kreuth in der Wirtschaft an ihrem Stammtisch beim Ofen hiebei. Hübsch zwider schauns drein und reden tun sie gar nicht viel. War ja kein Wunder, wo der Sollacher heut den frischen Aufbruch von einem Gambs g'funden hat am Pletscherer Graben, jetzt in der Schonzeit noch dazu! „Der Lump, der ganz schlechte!", hörte man einen ausrufen.

„Wer ist da ein Lump?", schreit jetzt einer vom Burschentisch her. „Z'erst muss ma'n g'sehgn hab'n und kennen, dann kann ma' von ihm red'n. Aber zum Fangen is no' weit hin!" So kam's nach von einem verwegen und finster aussehenden Loder, der da hinten im Eck sitzt. Jetzt steht er auf, kommt langsam her zum Jaagertisch. Seinen verwetterten alten Stopselhut hat er runtergetan: da ist der schönste Gamsbart drauf, wie man weitum im ganzen Oberland noch keinen gesehen hat.

Den streicht er jetzt dem alten Oberförster vor ihm ein paar Mal um dessen Nase rum und sagt recht spöttisch und freundlich: „Jaaga, kennst dös Kräutl? Gel, dös wachst in enkerm Garten!" und verschwindet.

„Das war kein anderer als der Lampl von Reichersbeuern", sagt jetzt der junge Jagdg'hilf. „Der hat auch den schönen Zwölferhirsch g'schossen droben am Saurüsselkopf. Aber der schlaue Fuchs ist uns bis jetzt alleweil wieder auskommen. Ich hab koa' Rast und koa' Ruah, bis er net mei'ghört und net rausschaugt aus'm Gitter im G'fängnis vom Tegernseer Landg'richt."

Aber bald darauf war es fast so weit. Den Jaagern wurde Botschaft getan, dass der Lampl grad den steilen Waldsteig zum

Leonhardstein hinaufgestiegen ist. Da umstellten sie den ganzen Berg und stiegen langsam vorsichtig höher. Für die Süd- und Ostseite brauchten sie keinen Mann aufzustellen, weil da die nackte Felsenwand fast senkrecht und oft überhängend aufsteigt und der Wilderer dort nicht auskommen konnte.

Jetzt merkte es auch der Lampl, dass es für ihn keinen Ausweg mehr gab. Aber sich fangen lassen von den Grünen, das gab es für ihn nicht! So sprang er über die schauerliche Südwand des Leonhardstein hinab. Er hatte sich zuerst von oben den höchsten Tannenbaum ausgesucht, war in seinen Gipfel gesprungen und ließ sich d'ran herunter.

Für die Jäger droben auf dem Gipfel war der Lampl jetzt maustot. Wenn er auch ihr verhasster Feind war, so nahmen sie nun alle ihre Hüte ab und beteten laut: „O Herr, gib ihm die ewige Ruhe!"

Da schrie von weit unten eine Stimme herauf: „Na, den G'falln tut er enk no net!"

SM

Sie hörten noch einen Juhschrei drunt im Wald, gesehen haben sie nie mehr etwas vom Wildschütz Lampl. – Manche Leute meinen, dass es der Teufel gewesen ist.

Der Lampl soll darauf über Stock und Stein ausdurch über alle Berge heimgerannt sein nach Reichersbeuern. Dort hat er schnell sein rußiges Gesicht abgewaschen und sein Stallgewand angezogen. Als die Jaager von Kreuth endlich in großer Eile ein Zweispännerfuhrwerk besorgt und eingespannt hatten, dann mit einem Gerichtsherrn aus Tegernsee um den ganzen See durch Gmund in Reichersbeuern angefahren kamen, da stand der schlaue Fuchs leibhaftig mit der Gabel auf dem Misthaufen und legte grad in aller Ruhe ein Fuder Mist auf.

OCHSENDIEB UND BEUTELSCHNEIDER

Ein böser Mensch hatte seinem Gevatter einen Ochsen gestohlen, was aber noch gar nicht ans Licht gekommen war. Nicht lange danach kamen die beiden nach Tegernsee, da der Gevatter hier beten wollte. Der Dieb schnitt nun heimlich dem Gevatter den Geldbeutel ab (den man damals an einem Lederriemen sichtbar um den Leib trug). Dreißig silberne Pfennige waren drin. Der Dieb meinte, es werde diese zweite Bosheit so unbemerkt bleiben wie die erste.

Wer sah es aber doch? St. Quirin hat es gesehen und den Schuldigen offenbar gemacht, in der Kirche behalten und in derselben hin und her laufen lassen, ohne dass er mehr den Ausweg fand, bis er selbst öffentlich und voll Reue seine beiden Verbrechen bekannte und gutzumachen versprach.

Man suchte den Gevatter, der seinen Beutel zurückbekam und unter den zwölf Ochsen des anderen den schönsten heraussuchen durfte. Und da sie also einig wurden, ging der Dieb ohne Behinderung aus der Kirche.

St. Quirin muss man loben!

(Nach einer alten Aufzeichnung von 1492)

DIE PRÄLATENFAHRT UM DEN MISTHAUFEN

Der Tegernseer Abt und sein Klosterrichter waren wieder einmal mit dem Fuhrwerk in der Holzkirchener Gegend, um bei den Untertanen Zehent und Güten einzutreiben. Gerade die Bauern von Sufferloh, das schon lange eine Freiung und somit von der

Abgabe des Kälberzehents befreit war, sollte von dem neuen Klostervogt neuerdings dazu verpflichtet werden.

Der Streit und Handel zog sich so in die Länge, dass es schon finstere Nacht war, als man die Heimfahrt antrat. Der Klosterknecht kam mit dem Fuhrwerk von der Straße ab und hinein in das Stumbeckfeld.

Da stand ein großer Dunghaufen. Weil es gar nicht recht vorwärts ging, schlug der Fahrer mit der Peitsche auf die Pferde ein. Die liefen nun schnaubend dahin, dass ihre Mäuler schäumten und ihr Fell dampfte. Stunde um Stunde verging, aber das Kloster Tegernsee kam noch nicht in Sicht. Der Abt schimpfte: „Ich glaube, jetzt müssten wir schon bald in Kreuth hinten sein oder gar in der Glashütten." Als endlich das Morgengrauen heraufzog, da hörten sie ganz nahe die Holzkirchener Glocken zum Gebet läuten.

Sie waren die ganze Nacht um den großen Misthaufen herumgefahren. Ob nicht die „guten" Wünsche der Untertanen daran schuld waren?

DIE WILDE JAGD

In den zwölf Los- oder Rauhnächten um Weihnachten und Dreikönig herum ist früher nicht selten ein recht ungutes Gespenst auch über unser Tal hinweggebraust, das sogenannte Wilde Gejaid, im Oberland auch Nachtgjura genannt. Es war ein wildes Geisterheer, zusammengesetzt aus allen möglichen Tier- und Spukgestalten. Sie sausten meist niedrig dahin über freie Flächen, Wege und Gebirgsübergänge und bedrängten einsame Wanderer. Gerade die Waizen droben am Wechsel, dann

auch der Hirschtalsattel und das Kreuther Tal sowie die Umgebung des Bauern in der Au galten als besonders gefährdet.

Wenn man das wilde Sausen hörte, da half nichts als stehen bleiben und Hände und Füße übers Kreuz legen, dann brauste die Wilde Jagd über einen hinweg. Manche Leute trugen geweihte Kreuze oder Amulette auf der Brust mit. Sonst konnte es sein, dass dieses heidnische Gespenst einen vom Erdboden aufhob, hoch in die Luft mitnahm und schließlich an einsamen und gefährlichen Stellen absetzte.

GEORGENRIED UND HOHENWALDECK

Nicht weit vom Nordufer des Tegernsees entfernt liegt das Dorf Finsterwald und nahe dabei ist der Weiler Georgenried. Dort steht auf einer sanften Anhöhe über der Landstraße nach Tölz neben zwei Bauernhöfen, dem Ober- und dem Unterriedbauern, das Kirchlein Georgenried. Von wenigen beachtet und gekannt ist dieses kunstgeschichtliche Kleinod, welches auch als das beste Beispiel des spätgotischen Baustils im ganzen Oberland gilt.

Über die Entstehung von Georgenried berichtet die Sage Folgendes:

Hoch über dem Schliersee liegt die Burgruine Hohenwaldeck. Ein Graf Georg von Waldeck (1407–1456) ist in einem Krieg gegen die Türken im Jahre 1444 in Kriegsgefangenschaft gefallen. In einem finsteren Kerker musste er angeschmiedet auf verfaultem Stroh bei Wasser und Brot seiner Aburteilung entgegensehen. In seiner großen Not gelobte er, wenn er zu seiner lieben Frau und zu seinen unmündigen drei Kindern wieder heimkehren dürfe, zum

Dank dafür drei Kirchen zu erbauen. Gott erhörte sein Gebet. Mit Hilfe eines Wächters, der selber ein heimlicher Christ war, konnte er fliehen und endlich wohlbehalten nach langen und abenteuerlichen Irrfahrten zu Weib und Kindern heimkehren.

Der tapfere Ritter Georg hielt sein Gelöbnis und veranlasste die Gründung und Erbauung der drei „Ried“-Kirchen in unserer Gegend: nämlich von Georgenried nach seinem eigenen ritterlichen Namenspatron; von Agatharied nach dem Namen der Patronin seiner Gemahlin Agathe; endlich von Frauenried, nach der Patronin seiner Schwester Maria benannt.

Im Jahr 1483 sind die Waldecker im Mannesstamm ausgestorben. Gegen Ende des 15. Jahrhunderts verödete diese Burg, nachdem ihre Bewohner schon früher das enge Gemäuer hoch droben am Berg verlassen hatten, das wohl damals schon durch Steinschlag sehr gefährdet war. Sie zogen in die Miesbacher Gegend in die Burg Waltenberg, heute Schloss Wallenburg genannt.

Durch die Heirat einer Waldecker Tochter kam die Grafschaft an Maxlrain bei Aibling, 1637 wurde sie reichsunmittelbar und 1734 endlich bayerisch-wittelsbachisch. Von der alten Burg Hohenwaldeck, die 200 Meter über dem Seespiegel des Schliersees in einer Höhe von 980 Meter über dem Meere auf einem Felsvorsprung des Leitnerberges stand, sind noch sechs Meter hohe und bis zu anderthalb Meter dicke Mauerreste vorhanden. Der Turmstumpf von acht Metern Höhe ist ein Rest des alten Bergfrieds, den vermutlich ein Felssturz in mittelalterlicher Zeit zerstört hat. Die groben Bossen und Wülste an den Steinquadern der Außenmauern lassen vermuten, dass Hohenwaldeck, wenigstens der Turm selbst, schon zu Römerzeiten als Wachtturm gedient hat, der den Zugang vom Inntal über Landl und Bayrischzell in unser bayerisches Oberland sichern sollte.

Das liebenswerte Kirchlein Georgenried aber wird von den alten Bauern heute noch Schimmelkapelle genannt. Der Name lässt erkennen, dass es, wie Kreuth, Festenbach oder Fischhausen am Schliersee, einstmals eine Umrittkirche und wohl schon in vorchristlicher Zeit die Stätte einer germanischen Roßweihe gewesen ist.

*

Die Sage vom Waldecker Ritter Georg wird auch ganz anders berichtet:

Es war einmal in alter Zeit ein Ritter von Waldeck, tapfer und gottesfürchtig, der als Kreuzfahrer in das gelobte Land zog. Sein schönes eheliches Weib vertraute er der Hut seines Schlossvogtes an. Wie alle bösen Vögte hieß dieser Golo. Alsbald entbrannte der treulose Diener in Liebe zur schönen Waldeckerin und wusste ihr durch seinen gedungenen Helfershelfer die falsche Botschaft zu hinterbringen, dass ihr Gemahl im Kriege gegen die Ungläubigen eines heldenmütigen Todes gestorben sei. Der böse Vogt freite nun um die Hand der trauernden Witwe, und siehe da, er ward erhört.

Nicht lange aber genossen beide das Glück der Liebe, als plötzlich der von den Türken erschlagene Gatte frisch und gesund aus dem gelobten Land in die Heimat zurückkehrte und sein, wie er hoffte, ihn mit Sehnsucht erwartendes Weib in den Armen eines anderen traf.

Von Wut entbrannt über diesen schändlichen Bruch ehelicher Treue, ließ er auf der Insel Wörth, die mitten im See gegenüber der Burg liegt, einen Turm erbauen und den Buhlen nebst der untreuen Gattin dorten hineinwerfen und bei lebendigem Leibe gar jämmerlich verhungern. Noch heutigen Tages heißt man den Platz, wo dieser Turm stand, beim „Hungerturm".

(So erzählt bei Stein: „Schliersee" 1874)

DAS UNGLÜCKLICHE HOCHZEITSSCHIFF

Am Egerner Seeufer beim Landungssteg des Überführers, aber auch in Tegernsee nahe der Hoffischerei am See steht je ein altertümliches Tuffsteinkreuz mit der Jahreszahl 1544. Seine Form ist dem Eisernen Kreuz der letzten Kriege ähnlich und geht wohl in die Zeit der Gotik zurück.

Die Überlieferung berichtet, dass in diesem Jahr in der Egerner Kirche – gegründet 1111 – eine Hochzeit stattgefunden hat. Nach der kirchlichen Feier fuhr die ganze Hochzeitsgesellschaft mit großen Bauernschiffen, das sind flache Holzboote, hinüber nach Tegernsee zum Gasthof Post am See, wo das Hochzeitsmahl angerichtet wurde. Nur eine solche Gaststätte, die eine realgerechtsame Taférne war, durfte Gesellschaften mit Tanz abhalten.

In dem Wort „Taférne“ steckt noch das lateinische *tabernae* drin, was so viel heißt wie Bude, Wirtsbetrieb in römischen Kastellen. Solche Wirtshäuser haben heute noch das Recht zum Auskochen, zum Ausschank, das Brennrecht, dazu auch die Erlaubnis, eine Bäckerei und Metzgerei mitzubetreiben. Dazu hatten sie aber auch die Pflicht, fahrende Leute zu beherbergen oder sie ihre Wohnwägen im Hofraum, höchstens drei Tage, aufstellen zu lassen, was nicht immer nur angenehm war.

Sicher ist es damals hoch hergegangen in der Alten Post in Tegernsee, grad so, wie genau in dieser Zeit schon der erste bayerische Geschichtsschreiber Johannes Turmair, genannt Aventinus (1477–1534), von unserem Volk schreibt: „... Große und überflüssige hochzeit, totenmal und kirchtag haben ist êrlich und unsträflich, raicht kainem zu nachtail, kumpt kainem zu übel ...“

Die sagenhafte mündliche Überlieferung berichtet, dass bei der nächtlichen Heimfahrt die Hochzeitsleute mitsamt dem jungen Brautpaar in einen schweren Sturm gerieten und allesamt – 14 waren in dem Schiff – untergingen in den hohen, aber recht kurzen, heimtückischen Sturmwellen und ertrunken sind. Vielleicht war das Boot ohnehin überladen und schlug schnell

voll Wasser, vielleicht strandeten sie an dem Felsenriff am Ufer der Point.

Beim Einmarsch der Besatzungstruppen am 5. Mai 1945 hat das schlichte Steinkreuz auf der Egerner Seite den Stoß eines schweren Panzerwagens nicht ausgehalten. Heute steht es wieder gut hergestellt an seinem alten Platz, wo es 400 Jahre lang gestanden hat.

DIE SENNERIN UND DIE NATTERNKÖNIGIN

Auf einer der fünf Roßsteinalmen nahe am Roß- und Buchstein war jeden Sommer Lisei, die Tochter eines großen Bauern in Lenggries, drüben im Isarwinkel, als Sennerin. Jedermann hat das junge Madl gern gehabt. Sie war freundlich zu Menschen und Tieren. Eine seltsame Freundschaft verband sie aber mit einer Natter, die unter den Bodendielen der Alm hauste. Es war eine große, aber ganz ungefährliche Ringelnatter, von den Leuten Hausotter genannt. Lisei soll schon als Kind zu solch einer Natter eine besondere Zuneigung gehabt haben, mit ihr aus einer Schüssel gegessen und die Nudelbrocken mit ihr geteilt haben.

Immer, wenn Lisei droben im Stall zu melken anfing, kam die Schlange hervor und die Almerin stellte ihr einen Weitling mit kuhwarmer Milch hin. Wenn im Herbst das Vieh reich geschmückt ins Tal abgetrieben wurde, ist die kluge Schlange auch bald auf dem Hof aufgetaucht, so wie sie im Frühsommer von selber wieder auf die Roßsteinalm zurückkam.

Als Lisei Hochzeit hatte, sagte sie: „Neugierig bin ich, ob die Natter heut zu meinem Ehrentag kommt. Sie tut keinem Menschen etwas, es braucht sie niemand zu fürchten!“ Und richtig, wie die Leute alle beim Mahle sitzen, kommt die Natter zur Türe herein, kriecht zuerst auf den Sessel und dann auf den Tisch. Auf dem Kopf aber trug sie ein goldenes, strahlend schönes Krönlein. Das ließ sie der Hochzeiterin mit hellem Klang in den Teller hineinfallen.

Die Bäuerin aber hatte, so lange sie lebte, Glück und Segen in Haus und Hof.

DAS ROCKENDIRNDL VOM TEGERNSEE

Dort, an der schmälsten Stelle des Tegernsees – der große Weitsee und der kleine Egerner Winkel stoßen hier zusammen – geht seit Urzeiten eine Fähre hin und her. Ein großes flaches Holzboot wird gerudert von einem kräftigen und wetterharten Mannsbild, dem Überführer.

Vor vielen hundert Jahren war im Gasthof zur Überfahrt in Egern eine große Bauernhochzeit. Der schneidigste Tänzer war der Überführer Marti mit seinem frischen, bildsauberen Dirndl, der Mariedl. Sie war eine Klosterjagerstochter von Tegernsee drüben. Aber zum Heiraten hat‘s ihnen hint und vorn nicht gereicht mit Geld und Gut.

Es ging schon dem Abend zu und grad lustig ist‘s zugegangen auf dem Tanzboden. Da zog aber ganz jählings ein scharfes Gewitter auf im Westen drüben bei Abwinkel und kam mit stürmischen Wellen rasch über den See herüber. Dazu hörte man

von drüben auf der Tegernseer Seite laut eine Frauenstimme rufen: „Hol über, Überführn!“

Da nimmt der Marti seinen Kotzen (das ist ein kräftiger Lodenmantel) und will an den See hinunter.

Mariedl und alle anderen flehten ihn an: „Bleib doch da, bei so einem Unwetter verlangt kein Mensch, dass du auf den See hinausfahrst!“ Der Marti aber rief nur: „Es ist meine Pflicht; ein Überführer darf nicht windfeiern!“ Schon hat er vom Ufer abgestoßen und sein schwerer Kahn wird von mächtigen Schaumwellen hoch aufgehoben, um im nächsten Augenblick wieder in tiefen Wellentälern zu verschwinden.

So schwer wie diesmal ist er noch niemals über den See gekommen. Wie er drüben auf der Point am Bootssteg anlegt, sieht er im grellen Schein eines Blitzes ein schiaches (= hässliches), altes Weib stehen. Marti erschrickt nicht wenig, als er sie erkennt: Es ist leibhaftig die Wallberghexe.

Jetzt steigt sie ein und setzt sich ihm nahe gegenüber. „Weil du ein so rechtschaffener, starker und schneidiger Bursch bist – denn nur einen solchen kann ich brauchen –, will ich dich was fragen: Willst du einem armen, unglücklichen Dirndl helfen und es aus seiner Not befreien?“ „Ja, wenn ich‘s kann, gerne“, sagt der Überführer. „Gut, ich nehm dich beim Wort!“, erwidert darauf die Hexe.

Da legt sich augenblicklich der Sturm, die vermeintliche alte Hexe verwandelt sich in eine wunderschöne Wasserjungfrau. Die sagt nun: „Das arme Madl ist das Rockadirl (= Rockendirndl). Das junge und lebenslustige Kind sollte einstmals von seinen Eltern ins Kloster geschickt werden, als Sühne für eine Freveltat, die in der Familie einmal begangen wurde. Als man ihr die langen blonden Zöpfe abschneiden wollte, ist sie in ihrer

Verzweiflung lieber in den See gegangen. Da sitzt sie nun an einem Spinnrocken und muss Flachs spinnen. Sie darf erst wieder herauf, wenn ein ehrlicher und mutiger Jüngling es wagt, sie zu erlösen."

Auf einmal versinkt das große Überführerschiff mitten im See bis hinunter auf den Grund. „Steig jetzt aus und komm mit mir durch die große Felsenschlucht, nimm aber dein Ruder mit!"

Da züngeln von allen Seiten Schlangen, giftiges Gewürm und Geziefer aller Arten aus den Spalten auf ihn los. Marti haut sie mit dem Ruder zurück in ihre Löcher. Die Schlucht wird immer enger, scharfe Steinspitzen ragen von den Wänden, ein gewaltiger Wasserstrudel will ihn umreißen und gegen die gefährlichen Kanten und Scherben werfen. Marti fetzt mit dem Ruder drein und haut den Strudel auseinander.

Jetzt steht er vor einer düsteren Höhle. Wüstes Gröhlen und versoffenes Geschrei dringt daraus hervor. Wilde Gesellen mit zottigen Barten wie Seeräuber wollen den Burschen zu sich hereinziehen und haben ihn schon am Mantelzipfel gepackt. Aber der Überführer schlägt so wild mit seinem Ruder um sich, dass sie gern von ihm ablassen.

Endlich stehen sie auf einer großen freien Wiese. Gegenüber ist eine breite Felsenwand mit einem verschlossenen Tor. Die Wasserjungfrau sagt: „Klopf nur fest an, dann geht das Tor schon auf!" Dreimal muss der Marti mit aller Wucht hinhauen, bis es aufspringt. Aber ein greuliches Untier, halb Fisch, halb Drachen oder Schlange kommt hervor und schnappt nach ihm. Diesmal haut er aber mit äußerster Kraft mit dem Ruder drauf, bis das gefährliche Vieh in sich zusammensinkt und den Weg frei macht.

Ein heller Saal liegt vor ihm, das gleißende Licht blendet fast die Augen. Da sitzt nun ein blasses, blondes Mädchen von großer

Schönheit am Spinnrocken mit blutigen Fingern und schaut den Burschen mit traurigen Augen an. Der aber stößt das ganze Spinnradl mit seinem Ruder um und haut es in Trümmer.

Da wurden ihre Wangen wieder rot und mit dankbaren Blicken schaute sie den Burschen, der sie erlöst hat, an. Die freundliche Wasserjungfrau aber, die gar keine Hexe war, sagte: „Marti, drei Wünsche, wenn du solche hast, darfst du aussprechen, sie werden in Erfüllung gehen." „Ja, solche hätte ich schon," sagte Marti. „Dass ich meine Braut, die Mariedl, bald heiraten kann, dass wir zeitlebens recht gesund bleiben, dass wir uns ein Häusl bauen können."

Das befreite Rockadirl brachte ihm ein Sackl voll goldener Dukaten und gab sie ihm in die Hand. – Da saß der junge Überführer, wie wenn nichts geschehen wäre, wieder in seinem Schiff und ruderte es zurück ans Egerner Ufer. Aber von dem Geld, das er mitbrachte, erwarb er sich ein kleines Grundstück am See. Bald darauf erbaute sich Marti ein sauberes, schmuckes Wohnhaus.

Die Hochzeit mit seiner Braut wurde im Gasthaus zur Überfahrt gehalten. Leute von nah und fern kamen als Gäste oder zum Schauen zusammen. Als der Ehrvater die Gaben der Geladenen beim sogenannten Abdanken entgegennahm, erschien auf einmal eine seltsame, schöne und lichte Gestalt, die niemand erkannte, nur der Hochzeiter. Sie legte dem jungen Paar noch mal ein ansehnliches Geldgeschenk auf den Tisch und verschwand. Es war das Rockadirl.

DAS MOOSWEIBLEIN VOM LETTENWEIHER

Tegernsee war bis zur Stadterhebung im Jahr 1954 ein Dorf mit Marktberechtigung. An drei Sonntagen im Jahr war damals auf der Hauptstraße Marktbetrieb, vom Schlossplatz bis hinunter zum Gasthof zur Alten Post standen die Buden der Verkäufer und Schausteller. Von weither kam das Landvolk zusammen, besonders die jungen Burschen und Madeln, die auch gern auf die lustige Tanzmusi gingen, droben im Postsaal. Heute wird der Tegernseer Markt in der Rosenstraße abgehalten.

Es war ein weiter Heimweg, den der Kupferschmied Weber von Tölz mit seiner Tochter vom Tegernseer Markt im September bei einbrechender Dunkelheit zurückzulegen hatte. Gut, dass sie

der Sohn vom Altwirt in Waakirchen den längsten Teil des Weges auf seinem Gäuwagl mitgenommen hat.

Kurz vor der Stadt Tölz stand damals noch das Lettenholz rechter Hand und bald danach kommt links ein sumpfiger Weiher, Lettenweiher genannt. Flache Nebelstreifen lagen darüber, und den müden Wanderern kam es recht unheimlich vor, bei dem fahlen Mondlicht. Der treue Hund, der sie begleitet hatte und bisher lustig herumgesprungen war, fing an, erbärmlich zu winseln und ging den beiden nicht mehr weg von den Füßen.

Da sagte die Tochter zum Vater: „Da schau hin zum Lettenweiher! Da steht ja ein Weibsbild drin, bis zum Bauch geht ihr's Wasser rauf! Und an Strohhut hat's auf'm Kopf und in der Hand hat's an Rechen!" Der Kupferschmied hat's auch gesehen und sagt zu dem verängstigten Madl: „Geh weiter und schau beileib net um!"

Es war ein Moosweiblein.

BEIM KREUZZIEHER

Wenn einer auf dem alten Fahrweg den Wallberg besteigen will, erreicht der an einer Serpentinenkehre mit schönster Aussicht auf den See hinunter einen Platz, wo es heißt „beim Kreuzzieher".

Davon berichtet die Sage: Ein strenger und äußerst unbeliebter Abt regierte vor mehreren Jahrhunderten im Kloster Tegernsee. Von dem schönen altbayerischen Grundsatz „leben und leben lassen" wusste er nichts. Er kam von einem fränkischen Kloster der Bamberger Gegend und war bei aller gezeigten und betonten Frömmigkeit in Wahrheit kein guter Mensch, sondern voll Hochmut und Herrschsucht gegen seine Untertanen. Diese

mussten unter seiner Regierung so viel Zehent, Zins und Abgaben entrichten, dazu Frondienste und Scharwerk leisten wie noch nie zuvor. Alle Leute nannten ihn bloß den „Bauernschinder“ und hassten ihn.

„Das waren halt noch Zeiten, als die gutmütigen und gerechten Äbte wie der Ayrinschmalz, der Stürzenbrigl, auch noch der Guetrather und der Plaichshirn regierten! Schon an ihren Namen erkennt man‘s, dass sie alle Söhne aus bayerischen Bauersfamilien waren und das Landvolk verstanden.“ So jammerten die Leute.

Auch der Abt spürte allmählich die feindselige Haltung seiner Untertanen und kriegte es mit der Furcht zu tun. In einem schweren Angsttraum erschien ihm der Heiland mit dem Kreuz und forderte ihn zur Umkehr und zur Buße auf.

Da ließ er sich ein großes, schweres Holzkreuz zimmern, um es zur Buße auf den Gipfel des höchsten Berges am Tegernsee, auf den Wallberg, zu tragen. Dort, etwa 1000 Meter über der Talsohle, sollte es aufgestellt werden, dass jedermann sehen konnte, wie ernst er seine Besserung nahm und dass er als heiligmäßiger Mann berühmt werde beim Volk.

Von wirklich guten Werken und Wiedergutmachung seiner unchristlichen Taten wird nichts berichtet.

So trug dieser ungute Abt sein schweres Holzkreuz mit größter Anstrengung Schritt für Schritt aufwärts. Am dritten Tag hatte er noch nicht einmal die Hälfte des Weges zurückgelegt, da brach er tot zusammen, eben an der Stelle, die heute noch nach ihm benannt ist.

Ein Klosterbruder meißelte eine kleine Reliefplatte aus Stein und stellte sie an einer alten Fichte am Wallbergweg auf. Als der Baum umstürzte, wurde das Bildwerk, das den kreuztragenden Heiland darstellt, in die Totenkapelle in Egern gebracht und dort links vom Altar in die Wand eingelassen.

DER VERHÄNGNISVOLLE SCHUSS IN DER LANGENAU

Wer von Dorf Kreuth aus den Guffert oder einen der beiden Schinder besteigen will, muss zuerst den langen Weg durch die Langenau machen. An die zweieinhalb Stunden zieht sich das

einsame Ost-West-Tal immer nahe der Landesgrenze gegen Tirol hin bis zum Bayeralpl (hier „Boaraiwi“ gesprochen, nach dem der herrliche Jodler benannt ist). Wegen ihres Wildreichtums ist die Langenau auch heute noch bekannt, zur Wildfütterung im Winter kommen die prächtigsten Hirsche vom Berg herunter.

Schon zu Klosterzeiten muss dieses Tal ein geschätztes Jagdrevier gewesen sein. So berichtet die Sage von einem recht traurigen Jagdunfall, der sich dort auf halbem Weg zwischen Kreuth und Bayeralpl ereignet hat.

Der Abt vom Tegernsee wollte hier einen starken Hirsch schießen, den ihm die Klosterjäger ausgekundschaftet und gemeldet hatten. Ein paar kräftige, junge Klosterbrüder sind auch mitgekommen, um das edle Stück Wild dem Schützen langsam entgegen zu treiben.

Der sah nun, wie sich hinter dichten Tannenboschen etwas Dunkles rührte und wieder stehenblieb. „Diesmal gehört er mir, der prächtige Zwölferhirsch“, dachte der feudale Prälat, „wenn ich auf das dunkle Fleckerl da hinter den Stauden hinhalte, muss es ein Blattschuss werden.“

Der Schuss aus dem schweren Vorderlader krachte in das friedliche Gebirgstal. Aber als sich das vielfache Echo verrollt hatte, vernahm man die verzweifelten Schreie eines Menschen. Der junge Klosterbruder wälzte sich sterbend auf dem Waldboden in seinem Blut. Was half da alles Wehklagen und alle Selbstanklage des unglücklichen Jagdherren. Was nutzte es dem armen Opfer des Leichtsinns, dass schon bald darnach zum frommen Gedächtnis und zur Sühne vom Tegernseer Abt ein schlichtes Holzkreuz am Fahrweg aufgestellt wurde?

Am Jahrtag gingen alle Klosterbrüder zu dem Kreuz und beteten für die Seele des Verunglückten. Auf einmal fuhr aus heiterem Himmel ein Blitz herunter und schlug in das Kreuz, dass es ganz schwarz wurde. Seitdem heißt es das „Schwarze Kreuz".

DER RITTER, DER SEIN VERSPRECHEN NICHT HALTEN WOLLTE

In alten Zeiten ward ein Rittersmann von seinen Feinden gefangen – man meint, er sei ein Babenberger gewesen –, der hatte keine Hoffnung mehr und war schier verzweifelt. Endlich fiel ihm St. Quirin ein, von dem er an vielen Stätten erfahren hatte, dass er den Demütigen helfe und die Hoffärtigen vertreibe. Dem verschrieb er sich, auf dass er ihn vom Gefängnis erlöse, und versprach, er wolle ihm sein Bestes, was er daheim habe, verloben.

Der heilige Märtyrer eilte alsbald, ihn zu erlösen. Da dankte der Ritter Gott und St. Quirin, führte sein Pferd, das ihm sein Liebstes war, gen Tegernsee und band es fest an den Türen der Kirche.

Da reute es ihn, so dass er sein Ross mit Geld lösen wollte. Er legte einen Schilling auf den Altar, dann kehrte er zum Ross zurück und wollte es wegführen, allein er brachte es nicht von der Stelle. Da mehrte er zweifach und dreifach sein Opfer, allein auch das half nichts, bis er den siebenten Schilling hingelegt hatte.

Ist auch ganz richtig gewesen – denn wenn man ein Versprechen macht, so muss man es vollständig halten.

(Nach einer Aufzeichnung von 1492)

DER FISCH MIT DEM GOLDENEN RING

Wie es in der Bibel steht, sind beim Tod unseres Herrn und Heilands seltsame und wunderbare Zeichen und Naturerscheinungen geschehen: Die Erde bebte und Felsen zersprangen. So soll – laut Sage – die große, unterirdische Felsenplatte, die den Tegernsee und den Schliersee mitsammen trägt, damals einen jähen Riss bekommen haben, sodass seither die Wasser der beiden Seen tief unter der Oberfläche eine geheime Verbindung erhalten haben.

So wird berichtet, wie vor mehreren Jahrhunderten einem Abt der silberne Schlüssel zum Tabernakel der Tegernseer Klosterkirche in den See gefallen ist. Es war gleich am Ufer, aber an einer recht tiefen Stelle, und der Schlüssel konnte nicht um alles mehr gefunden werden. Je ärger die Klosterschüler dort im Schlamm herumwühlten, desto mehr versank er in immer größere Tiefen. Nicht lange danach ging einem Fischer drüben im Schliersee eine gewaltig große Seeforelle mit einem halben Zentner Gewicht ins Netz. Als man sie in der Küche zubereitete, fand sich in ihren Eingeweiden der silberne Schlüssel der Tegernseer Kirche.

Ein anderes Mal verlor ein Schlierseer Fischer beim Netzauslegen seinen Ehering mittendrin im See. Einen Augenblick lang sah er ihn noch im Absinken aus dem dunkelgrünen Wasser aufblitzen und dann auf Nimmerwiedersehen verschwinden. „Der ist fort in alle Ewigkeit und kriegen tut ihn kein Mensch mehr“, so sagte er laut vor sich hin. Aber drüben im Tegernsee fischte nach wenigen Tagen der alte Hoffischer mit dem Zugnetz. Grad dort, wo die eindrucksvollen Türme und Mauern der Kloster-

wacht den Zugang zum Kloster von Norden her sicherten, löste er einen schweren Saibling aus dem Netz und er wunderte sich sehr: Diese seltene Art gab es doch nur im Schliersee! Aber seine Überraschung sollte noch größer werden. Im Magen des Fisches fand sich ein goldener Ring mit eingravierten Namensbuchstaben und dem Datum der Hochzeit seines Kollegen und Vetters in Schliersee! So kam dieser durch eine äußerst seltsame Fügung nun doch wieder zu seinem verlorenen Ehering.

*

Freilich mag es einen kritischen Leser nachdenklich stimmen, wenn er eine Landkarte zur Hand nimmt. Darin sieht er die normale Seespiegelhöhe des Tegernsees mit 726 Metern und die des Schliersees mit 777 Metern eingetragen. Das gäbe eine große Überschwemmung für den Tegernsee.

In der Hoffischerei neben dem Schloss sind fünf Holzmodelle in natürlicher Größe von besonders großen Fischen aus dem See an den Wänden angebracht. Diese gewaltigen Exemplare wurden bis zu 1,20 Meter lang und wogen bis über einen halben Zentner. Darunter hängen noch die zugehörigen Schrifttafeln in barocken Formen.

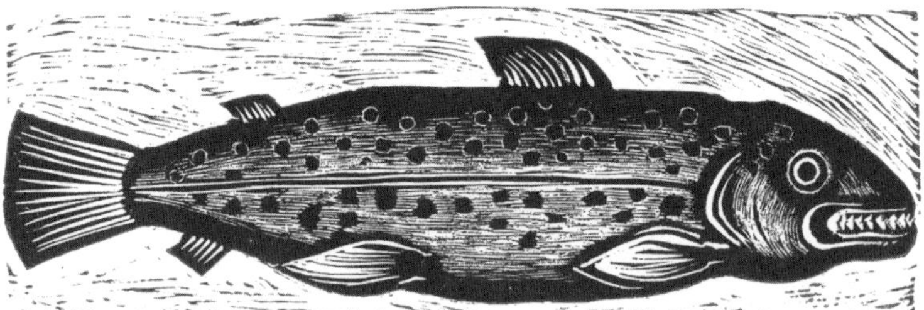

VON DER ENTSTEHUNG DES KREUTHER LEONHARDI-UMRITTS

Eine Bäuerin aus Wolfgrub ist, als hier nur ein Bauernhof (der Daibler, seit 1350 nachweisbar) stand, jedes Jahr in der Nacht vom 5. auf den 6. November auf einem Schimmel nach Kreuth geritten. Dort hat sie den jetzigen Kirchhügel dreimal umkreist, um dann noch vor Morgengrauen heimzukehren.

DIE SCHWEDEN IM KLOSTER TEGERNSEE

Mitten im Dreißigjährigen Krieg, im Mai 1632, marschierten die Schweden unter ihrem König Gustav Adolf in München ein und ließen sich als erpresste Brandschatzung 300.000 Reichstaler von der Bürgerschaft zahlen. Vereinzelte Reitertrupps von verrohtem Kriegsvolk durchschwärmten das ganze bayerische Oberland, um zu rauben, zu plündern und zu morden.

So kamen sie am 21. Mai auch an den Tegernsee. Die Tafernwirtschaft, heute zum Herzog Maximilian, haben sie niedergebrannt, die alte Kirche in Gmund durch Feuer beschädigt. In das Kloster Tegernsee drangen 36 schwedische Reiter ein, nachdem sie den als Abgesandten entgegengeschickten Metzger erschlagen und einen Knecht verwundet hatten. Der Abt war nach Tirol (Achenkirch oder Zell am Ziller) geflohen. Die Schweden raubten und plünderten eineinhalb Stunden lang, rissen dem Pater Hofmeister seine Kleidung vom Leib, führten ihn wohl als Geisel gefangen mit, ließen ihn dann bald wieder frei.

Nachdem die verhassten Feinde abgezogen waren – vielleicht fürchteten sie, in eine Falle geraten zu sein, oder man hörte vom Herannahen bayerischer Truppen – kamen die Untertanen (!), erstürmten das Kloster, raubten und plünderten, was der Feind übrig gelassen hatte.

Von einer Brandstiftung im Kloster bei diesen Überfällen ist nichts bekannt geworden.

DER BUB VOM LIEBERHOF

Die meisten Einwohner des Ortes Tegernsee hatten beim Herannahen der Schweden Haus und Hof verlassen und Schutz hinter den Klostermauern gesucht. Nur wenige blieben in ihren Höfen zurück.

Auch der Lieberhofbauer hoch droben auf dem Großtegernseer Berg harrte mit Weib und Kindern in der Hoffnung auf Gottes Beistand aus auf seinem großen, schönen Hof.

Die Nacht brach herein nach diesem schrecklichen Tag drunten im Ort Tegernsee. Verängstigt und verzagt saß der Hausvater mit seiner Frau und den unmündigen Kindern, von denen das älteste der zwölfjährige Bub Anderl war, in der schwach erleuchteten Stube um den Tisch beisammen. Der Vater las aus einem alten Gebetbuch mit gedämpfter Stimme das Gebet vor: „Bitte an Gott in schwerer Not und Gefahr“.

Da pumperte es mehrmals hart an die Haustüre und wüste Männerstimmen in einer fremden Sprache verlangten Einlass. „Vater, lass dich auf keinen Streit und Kampf ein. Gib ihnen alles, was s‘ haben wollen!“, flehte die Mutter, „Sonst sind wir alle verlor‘n.“

Kaum hatte der Lieberhofbauer den schweren Riegel an der Türe zurückgeschoben, da drängten sich zwei schwerbewaffnete schwedische Reiter herein. Durch lautes Geschrei und unmissverständliche Gesten verlangten sie Geld und Schmuck und was zum Saufen. Sie durchwühlten alles in widerlicher Gier: Schränke und Truhen, Betten und Kasten. Aber außer ein paar kupfernen Kreuzern in einer Schublade war nichts zu finden. Der Bäuerin, die mit ihren Kindern verängstigt in einer Ecke der Stube stand, riss einer der Kerle den Brustfleck des Miedergewandes mit den Silberknöpfen dran vom Leibe, dem Vater warfen sie einen Strick um den Hals, zerrten ihn über den Flötz (= Vorplatz) hinaus vor das Haus und banden ihn unter Stockschlägen und Fußtritten mit einem Heuseil an den hölzernen Brunnenstock.

Jetzt musste das Ende mit Schrecken hereinbrechen: Jedermann hatte damals schon mit Schausern von den unmenschlichen und grausamen Folterarten dieser vertierten Soldateska gehört. Zu spät sah jetzt der friedliche Bergbauer ein, dass auch Nachgiebigkeit und Ergebenheit von Anfang an verfehlt waren.

Während die Mutter mit den schreienden Kindern kniefällig die unholden Gesellen um Gnade anflehte, gelang es dem größeren Buben, dem Anderl, unbemerkt über die Stiege hinauf auf die Laab'n (das ist die Altane) zu entkommen. Der Anblick der nun beginnenden Folterungen und die Angst vor dem grausamen Untergang aller steigerten seinen Mut und seine Kräfte ganz gewaltig.

Jetzt schwang drunten der ältere und offensichtlich gefährlichere der beiden Schwedensoldaten seinen Degen über dem Haupt des Vaters. Der Mordgeselle stand gerade unter der Bretterbrüstung der Altane auf dem Platz vor dem Haus. Da hob der Bub blitzschnell die schwere Steinplatte, die noch vom Umdecken des Schindeldaches übriggeblieben dalag, auf und ließ sie dem wüsten Burschen genau auf den Schädel fallen. Der schreckliche Unmensch brach auf der Stelle tot zusammen.

Sein jüngerer Komplize, der wohl jählings an einen geschickt vorbereiteten Hinterhalt glauben musste, ließ alles, was er hatte, auch den Sack mit eingepacktem Raubgut, liegen und lief in panischem Schrecken so schnell, wie ihn seine Füße trugen, auf und davon, den Weg nach Tegernsee hinunter.

SM

So hat der mutige Bub seinen Vater und sich selbst vor einem schauerlichen Tod, seine Mutter und die kleineren Geschwister wohl noch vor Schlimmerem bewahrt.

*

So berichtete der ehemalige Tegernseer Lehrer Ferdinand Feldigl diese Geschichte, wie sie ihm ein sehr alter Mann erzählt hat.

Der schöne Lieberhof aber ist im späten 18. Jahrhundert erneuert worden. Er ist immer noch, obwohl er inzwischen ein Wirtshaus geworden ist, ein Beispiel stilechter Tegernseer Bauernhaus-Bauweise geblieben.

DIE SCHWEDEN BEI GMUND

Aber längere Zeit um das Jahr 1632 ist noch keine Ruhe gewesen im Land um den Tegernsee. Sagenhafte Berichte aus dieser schrecklichen Zeit des Dreißigjährigen Krieges erzählen von einer Schar marodierender, d. h. plündernder, mordender und brandschatzender schwedischer Reiter in der Umgebung von Gmund. Mit der Forderung „Lösegeld zahlen – und das nicht zu wenig – oder den roten Hahn aufs Dach (= Inbrandsetzung des Hauses)“ versetzten sie die Einwohner in Furcht und Schrecken.

Unter dem Sackerer-Bauern beim Gut Schwärzenbach sollen die Mordbrenner ein festes Lager gehabt haben auf dem sogenannten Schlachtfeld, das neben dem Schlachtgraben liegt. Ob der Name vom Abschlachten des gestohlenen Viehs oder von einem Kampf der Gmunder und Ostiner Bauern herrührt, den diese mit dem Raubgesindel hier ausgefochten haben, ist nicht geklärt.

Die wilde Räuberbande wurde, so wird berichtet, in die Flucht geschlagen. So heißt heute noch ein Feld daneben das Lauffeld. Aber die Holzer Bauern, drüben an der Nordwestecke des Tegernsees bei Kaltenbrunn, drängten das feindliche Gesindel endlich in einen sumpfigen und ausweglosen Waldwinkel bei Holz, in das sogenannte Streitmoos, ab und haben es hier vernichtet. Ende des vorigen Jahrhunderts sollen dort noch verschiedene Metallteile wie Steigbügel, Riemenschnallen und Hufeisen beim Ackern gefunden worden sein. Auch der Name Streitmoos könnte ein Hinweis sein auf diesen Kampf.

WIE DER TEUFELSGRABEN ENTSTANDEN IST

Der alte Mesner von Föching erzählt es

An aram recht finstern Novemberabend bin i amal da, z'Föching, zum Gebetleitn in d'Kircha umiganga. Schö staad und einsam is scho gwen auf der Dorfstraß und neamad mehr war untawegs. Wer mit da Stallarbat firti gwen is, is in d'Stubn einakemma und hat sie gon Tisch zuawi ghockt und aufs Nachtessen gwart.

„Aba da geht do no oana, a Mordstrumm Schaufi tragt a", denk i mir, „Im Finstan siecht ma nix G'naus. Der ganzen Statur nach is dös koa Da-iger. Hinka tuat er aara bißl, hab i gmoant. Sei' rechta Hax schaugt si grad o wiara Rossfuaß und aufn Kopf hat a richtige Hörndl wiara Maschkera an Fasinacht! Kohlschwarz schaugt sei zottlata Pelz aus wia von an Goaßbock; und an langa Schwoaf ziagt a hintn nachi, stinka und brandeln tuat a glei gengan Wind! Dös ko nur er selba sei', der Ganzderander!"

SM

Hoamli hab i a Kreiz gmacht und hab gsagt: „Grüaß Good.“ Da hats‘n aba grissn, den schiachn Teifi. „Was tuast denn du heit auf d‘Nacht no arbatn, nach Feierabend?“

„I ko mit meina Arbat erscht ofanga“, hat da Schwarze brummt, „wennst du mit deim vafluachtn Glocknscheppern ferti bist. I muass heit Nacht no an groußn Grabn auswerfa. Von Tölz her übern Kirchsee und an Haknsee bis gegen Otterfing und Holzkircha is a scho firti. Heit Nacht pack i nacha dös letzte Trumm.

Wennst du morgn in aller Früah um fimfi wieder kimmst zum Taganleitn mit deim Glockngebimmel, da muass i‘s gschafft ham. Da werst Augn macha, Manndei! Da konnst überhaupts nimma zuawi zu deina Kircha! Derweil is mei Grabn schon da und dö ganze Isar hab i scho umagloat zur Mangfall, dass auf Oabling umilaafa und bei Rousnhoam in Inn eini rinna muass. Aba dös sag i da, gredt wird fei vorher no gar nix, sonst hol i di bei da Nacht auf da Stell glei selm!“

Mir is ganz kalt üban Buckl abiglaafa. Schnell hab i no gläut und bin hoam.

Dö ganz Nacht hab i koa Aug zuadruckt – guat, dass mei‘ Wei nix gmirkt hat – und hab nachdenkt. „Um Godswilln, da müassat ja Mensch und Viech dasaufa in dem Hochwassa! Wia konn i denn dö ganze Gmoa retten vor so an groußn Unglück? Halt, jetzt moan i, fallt ma was Schlauchs ein!“ Denk i ma.

Glei werds drei schlagn. I schleich mi mit meim Trumm Kirchaschlüssl umi, spaars Glockenhaus auf und leit und leit, dass glei da Turm wacklt. Da is da Teifi aba zsammgfahrn mitten bei seina Arbat und hat ganz gotteslästerli gfluacht. „Was, fimfi is heit scho, da hab i mi in da Zeit schwaar vaschatzt! Dös Leitn mit dene gweichtn Glockn, dös kon i überhaupts net aushaltn!“ Auf und davo is a und groast „wia da Teifi.“

Da san mir Föchinga no guat wegkömma, daselmt! Grad a Stund oda zwoa hätt a no braucht, da Gott-sei-bei-uns, nacha hätts uns alle abigschwoabt ins Mangfalltal, und alls waar hi gwen!

*

In Wirklichkeit gibt es dieses merkwürdige, heute trockene Quertal tatsächlich, das von Tölz herüber zum Mangfallknie verläuft. Es handelt sich um ein Urstromtal: Am Ende einer Eiszeit war der Isarlauf gleich unterhalb von Tölz mit dem Moränenschutt des Karwendelgebirges verstopft und die Isar floss eine Zeit lang zur Mangfall ab. Später hat sie sich ihren alten und jetzigen Lauf wieder freigeschwemmt.

NACHWORT

Wer „Tegernseer Sagen“ schreiben will, kommt nicht daran vorbei, auch das überlieferte Sagengut des ganzen Tegernseer Landes, also auch des Vorlandes, gelegentlich mit herein zu beziehen. Ist doch das uralte Benediktinerkloster Tegernsee der wirtschaftliche und kulturelle Mittelpunkt des gesamten Oberlandes gewesen, dessen Ausstrahlung bis in die Gegend von München, d. h. „bei den Mönchen“ – von Tegernsee natürlich –, gereicht hat und wirksam war. So saßen die zinspflichtigen Untertanen und Leibeigenen des Klosters bis weit hinaus im Land vor den Bergen.

Im Gegensatz zum Märchen ist die Sage immer an einen bestimmten Ort oder an eine bestimmte Zeit, aber auch manchmal an bekannte Personen gebunden. Historische Ereignisse werden bei der volkstümlichen Weitererzählung oft auch als Wirkung dämonischer Kräfte umgedeutet und so nicht selten zur Gruselgeschichte. Die gibt es eben auch in den Sagen wie in den Märchen. Sogenannte „Sagen“, bei denen es aber nur um bloße Freude an schauerlich-makaberen Details geht oder wo es sich nur um allzu einfältiges „G‘sagerts“ ohne jeden nennenswerten sachlichen oder geschichtlichen Sinn handelt, die eine unnötige Belastung der kindlichen Phantasie wären, sind hier weggelassen. Dagegen habe ich gelegentlich sachliche Erklärungen alter Bezeichnungen und Zustände mit hereingenommen, so wie nicht selten auch die Grenzen zwischen Geschichte und Sage nur willkürlich zu ziehen sind.

Die vorliegende kleine Sammlung erhebt keinen Anspruch auf Vollständigkeit. Jede sprachliche und inhaltliche Fassung einer Sage, die ja von Anfang an Volksgut ist und bleiben soll,

Titelblatt des
Originalmanuskripts
von Sepp Mohr

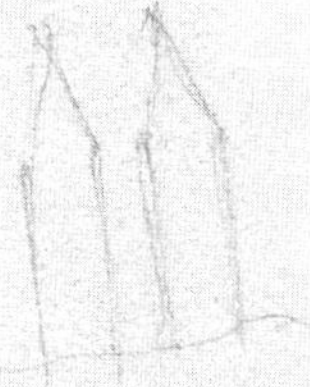

Türme fallen hier um

Tegernseer Sagen

Diese Schrift wär mir schon recht

nacherzählt und mit orig. Holzschnitten illustriert von Seppl Mohr, Tegernsee

1975

hat trotz mancherlei Nacherzählung und Bearbeitung niemals eine einzig gültige Normal- oder Standardfassung erlangt.

Die gute Großmutter, die diese Stoffe noch kennt und daheim ihren Enkeln erzählt, wird sicher die beste Sagenerzählerin sein. Für sie und die Jugend ist diese Sammlung von 35 Sagen gedacht. Es wäre recht erfreulich, wenn die eine oder andere Geschichte aus völliger Vergessenheit wieder zurückgeholt würde.

*

Zur Illustration mit Holzschnitten: Der Holzschnitt ist die älteste grafische Drucktechnik, aus dem erst später der Buchdruck entstand. Auf Birn- oder Buchsbaum-Hirnholzplatten wird spiegelverkehrt die Zeichnung aufgetragen, mit massiven Sticheln wird alles, was im Druck weiß erscheinen soll, weggeschnitten. Wie bei einem Stempel druckt nur die stehengelassene Oberfläche. Durch das dabei notwendige Weglassen und Vereinfachen auf das Wesentliche der Sache und der Form stellt der Holzschnitt wie von selbst eine Einheit her mit dem meist knappen Text des Sagengutes. Dabei bleibt dem Leser wie dem Bildbetrachter noch viel Spielraum für seine eigene, bildhafte Fantasie übrig.

Der Holzschnitt hat heute noch seine künstlerische Berechtigung, trotz vielfacher und mühelos herstellbarer chemigrafischer Klischees, weil er nicht durch Feder-, Bleistift-, Kohle- oder Kreidezeichnung in seiner Wirkung zu ersetzen ist, sondern seinen nur ihm eigenen, unverwechselbaren Charakter hat.

Tegernsee, im Juli 1975
Sepp Mohr

LITERATUR

Codex Germanicus, 4285 aus Tegernsee, vom Jahre 1492.

Michael Gasteiger: Das Buch vom Schliersee, München 1951.

Dr. Michael Hartig: Die Benediktinerabtei Tegernsee, München 1946.

Joh. Nep. Kißlinger: Chronik der Pfarrei Egern am Tegernsee, München 1907.

Georg Lickleder: Beiträge zur Zeitschrift „Das Tegernseer Tal", Rottach ab 1954 (Beiträge von Ferdinand Feldigl u. Franz Pütz).

Joseph Obermayr: Chronik der Pfarrei Gmund am Tegernsee, München 1868.

Willibald Schmidt: Sagen aus dem Isarwinkel, Bad Tölz 1936.

Stein: Spaziergänge in und um Schliersee, Augsburg 1874.

*

DANK

Für besonders wertvolle Beratung und Anregung sei noch Herrn Rupert Berlinger in Tegernsee gedankt.

Sepp Mohr

Kloster Tegernsee um 1600, nach Merian